B. S. Johnson

Christie Malrys doppelte Buchführung

B. S. Johnson

Christie Malrys doppelte Buchführung

Roman

Mit einem Vorwort von Georg M. Oswald
Aus dem Englischen von Michael Walter

Argon

Die englische Originalausgabe erschien 1973 unter dem Titel
Christie Malry's Own Double-Entry
im Verlag William Collins and Co. Ltd, London

Published by arrangement with Virginia Johnson
Dieses Werk wurde vermittelt durch die
Literarische Agentur Thomas Schlück GmbH, 30827 Garbsen

Gesetzt aus der Stempel Garamond
Satz: deutsch-türkischer fotosatz, Berlin
Druck und Bindung: Clausen & Bosse, Leck
Printed in Germany
ISBN 3-87024-560-3

INHALT

VORWORT

Offensichtlich haben Sie gerade begonnen, dieses Vorwort zu lesen, das, Sie argwöhnen richtig, nichts anderes will, als Ihnen *Christie Malrys doppelte Buchführung* näherzubringen, sprich: zu verkaufen. Vielleicht aber haben Sie das Buch auch schon erworben oder irgendwo ausgeliehen. Wie auch immer, das Wichtigste ist bereits geschafft, denn wenn die Sache auch nur halbwegs normal über die Bühne gegangen ist, haben Buchhändler und Verlag (und noch ein paar andere Leute) ihr Geld bekommen, und Sie können sich über den rechtmäßigen Besitz von *Christie Malrys doppelte Buchführung* freuen.

In diesem Fall ist es nicht unbedingt nötig, dass Sie hier weiterlesen, Sie sollten besser keine Zeit verlieren, Christie Malrys Tolle Idee kennen zu lernen, von der dieser Roman handelt. Sollten Sie aber noch unentschlossen sein, ob er Ihr (womöglich als Buchhalter) sauer verdientes Geld wert ist, nehmen Sie das:

Bryan Stanley Johnson (1933–1973) veröffentlichte sein literarisches Werk, das nicht weniger als sieben Romane, Theaterstücke, Lyrik, die Herausgabe einer Literaturzeitschrift und mehrere Kurzfilme umfasst, in nur zehn Jahren zwischen 1963 und 1973.

Johnson wurde als Sohn einer Kellnerin und eines Lagerarbeiters im Londoner Stadtteil Hammersmith geboren und arbeitete fünf Jahre als Angestellter in einer Bank, bevor er am King's College Literatur studierte.

Auch Christie Malry, Held des vorliegenden Romans, beginnt als Siebzehnjähriger in der Hammersmith-Filiale einer Bank, und als man ihn beim Einstellungsgespräch fragt, warum er in die Bank eintreten wolle, ist er »ratlos« und es fällt »ihm keine Antwort ein«.

Bis zu diesem Punkt – aber auch nicht weiter – kann man *Christie Malrys doppelte Buchführung* getrost als autobiografischen Roman lesen. Um bewegende Erlebnisberichte ist es Johnson im folgenden jedoch nicht zu tun.

Christie Malry ist, erst in der Bank, später als Buchhalter in einer Kuchenfabrik, ein »kleiner Angestellter« und dieser wiederum ist ein Archetypus in der modernen Literatur. Ein geläufiges Vorurteil vermutet hinter der literarischen Absicht, sich mit ihm zu beschäftigen, einen Hang zu grobschlächtigem sozialen Realismus. Wer einige gelungene Beispiele in Betracht zieht, wird zugeben müssen, dass davon keine Rede sein kann. In willkürlicher Auswahl und Reihenfolge sei nur etwa an Herman Melvilles Bartleby in *Bartleby, der Schreiber*, an Robert Walsers Joseph Marti in *Der Gehülfe*, an Fernando Pessoas Hilfsbuchhalter Bernardo Soares aus dem *Buch der Unruhe* erinnert. So unterschiedlich diese Figuren sein mögen – mit Christie Malry ist ihnen die gesellschaftliche Machtlosigkeit des minderen Lohnabhängigen gemein, die einer außergewöhnlichen Wahrnehmungsfähigkeit gegenübersteht. Gerade in den überzeugendsten jener Werke erscheinen die Figuren, die wir als Repräsentanten einer subalternen Normalität vorgestellt bekommen, jede auf ihre Weise als Umstürzler, ja Revolutionär.

So auch Christie Malry. Obwohl er, wie erwähnt, die Bank bald zugunsten einer Anstellung als Fakturist in einer Kuchenfabrik verlässt, bleibt er zunächst ein Untertan jener Verhältnisse, die ihm, dem Siebzehnjährigen, einen gesicherten Pensionsanspruch bei Erreichen des Rentenalters als höchstes irdisches Glück preisen. Paradox genug: Seine Rettung, die er schlicht seine Tolle Idee nennt, kommt aus dem Zentrum jener Verhältnisse. Christie Malry lernt das Prinzip der Doppelten Buchführung kennen, und bald wendet er sie nicht nur auf Kreditoren und Debitoren der Kuchenfabrik an, sondern auf die im Leben empfangenen Belästigungen und Entschädigungen.

»Wir glauben törichterweise, dass es eine Abrechnung geben wird, einen Tag, an dem alle Ungerechtigkeiten ausgeglichen werden, wo sich fraglos erweisen wird, dass wir richtig gehandelt haben, wo das Licht unserer Rechtfertigung über der Welt erstrahlt. Aber wir irren uns: wisse denn, dass es keinen Tag der Abrechnung geben wird, es sei denn vielleicht aus Versehen. Anscheinend passieren genug Versehen, dass dies für die meisten von uns eine Hoffnung oder sogar eine Erwartung ist, dieser Tag der Abrechnung«, predigt ihm seine Mutter auf dem Sterbebett. Dem Ausbleiben dieser Abrechnung widersetzt sich Christie durch die Eröffnung seiner Privatbuchhaltung. Die Kontenblätter, die er anlegt, sind überschrieben: »CHRISTIE MALRY in Abrechnung mit IHNEN«, und »IHNEN«, das sind die Anderen, das ist die feindliche Welt schlechthin. Ein Grundsatz der doppelten Buchführung will es, dass sich per Saldo Debitoren und Kreditoren stets ausgeglichen gegenüberstehen. In Christies Fall übersteigen die Debitoren (Belästigungen) die Kreditoren (Entschädigungen) jedoch ständig, mit anderen Worten, sein Unternehmen, das wir »Gerechtigkeit für Christie Malry« nennen könnten, wirtschaftet defizitär. Der Ausgleich der Konten kann nur durch Christie geschuldete Saldoüberträge erreicht werden, und diese steigen ständig.

Als verantwortungsvoller Unternehmer sieht Christie dieser Entwicklung natürlich nicht tatenlos zu und bemüht sich um Ausgleich. Die Vernichtung wichtiger Geschäftsunterlagen der Kuchenfabrik, Sachbeschädigungen in und außerhalb der Firma sowie Bürodiebstähle führen zu einer gewissen Erholung des Kreditorenkontos, leider aber nie zu einer ausgewogenen Entschädigung. Gut, dass Christie die Neuntöterin hat, seine verwegene Geliebte, die – merkwürdigerweise ohne je auf der Kreditorenseite seiner Buchhaltung zu erscheinen – einen besänftigenden Einfluss auf ihn hat.

»Inzwischen waren sie beide absolut glücklich. Hier handelt es sich ja schließlich um Belletristik, nicht wahr? Oder?«, kräht der Erzähler.

Doch auch die Neuntöterin bringt Christie nicht davon ab, »an die Arbeit« zu denken, wie sie es einmal nennt, ohne zu ahnen, welchen Gegenstand Christies Buchhaltung hat. Im Gegenteil, weil sie beruflich »keine ihren Fähigkeiten angemessene Chance« bekommt, sorgt sie unwissentlich dafür, dass sich Christies Debitorenkonto dramatisch erhöht. Mit aufreizend simpler Ironie gibt Christie »der Gesellschaft« »die Schuld«. Komplizierter ist es nun mal nicht. Die Schuld wofür? Daran, nicht das Leben führen zu können, zu dem man fähig wäre.

»Macht kaputt, was euch kaputt macht«, schrie Rio Reiser von Ton, Steine, Scherben ungefähr zur gleichen Zeit in Deutschland, als *Christie Malrys doppelte Buchführung* in England erschien. Christie scheint Ähnliches gedacht zu haben, jedenfalls hält er sich nicht länger mit dem Klauen von Büroklammern auf. In dem Kapitel »Haltet England sauber; oder werfen Sie diese Flasche nicht einfach weg« lernt der geneigte Leser, wie man einen Molotow-Cocktail baut. Es handelt sich um eine kurze, anschauliche und leicht fassliche Darstellung zur Anfertigung von Benzinbomben aus Limonadeflaschen und anderen einfach zu beschaffenden Gegenständen. Aber keine Angst, »hier handelt es sich ja schließlich um Belletristik, nicht wahr? Oder?« Christie Malry wird zum Terroristen. Aber auch das führt nicht zu einem Ausgleich der empfangenen Belästigungen, denn jeder von IHNEN – den Anderen also –, den er tötet, schlägt auf der Kreditorenseite gerade mal mit lumpigen 1.30 pro Leiche zu Buche, das ist der Kurs »als Vergütung des Handelswerts der darin [in der Leiche, G. M. O.] enthaltenen Chemikalien; plus Beschädigung usw.«

Natürlich ist das zynischmenschenverachtendundgemein und deshalb nimmt es auch mit Christie Malry kein gutes Ende. Aber wehe dem, der erleichtert aufatmet – »Nach Ihrem Ebenbild gestaltet ist er, Christie, vergessen Sie das nicht.«

Von den formalen Besonderheiten dieses Romans war bisher absichtlich nicht die Rede. B. S. Johnson galt und gilt als »experimenteller Autor«. Nach seiner Einschätzung halten jedoch die meisten Kritiker das Wort »experimentell« für ein Synonym für »missglückt«. Und wahrscheinlich gibt es wirklich keine bessere Methode, den Erfolg eines Buches zu verhindern, als es ein »gewagtes Experiment« zu nennen.

Aber *Christie Malrys doppelte Buchführung* ist kein »gewagtes Experiment«. B. S. Johnson hielt sich allerdings für frei genug, nicht die gängigen Konventionen literarischen Erzählens zu bedienen, sondern stellte sich in eine andere, bedeutende Tradition, die in der angelsächsischen Literatur mit Laurence Sterne ihren Anfang nahm und von Schriftstellern wie James Joyce, Samuel Beckett und Flann O'Brien fortgesetzt wurde.

Jeder Roman, der diese Bezeichnung verdient, ist auch ein Roman über den Roman. Will sagen, ein, wenngleich oft nur versteckt geführter, Diskurs über die ihm zugrunde liegende Ästhetik. B. S. Johnson spricht das offen aus und sein Erzähler debattiert mit ihm und Christie erhitzt darüber. Das ist nicht immer nur komisch. Es kann auch tragisch sein, etwa wenn der sterbende Christie einen letzten, bewegenden Disput mit seinem Erzähler führt, der schließlich verantwortlich ist für sein Schicksal. An Stellen wie diesen sollte jedem klar werden, dass B. S. Johnson experimentelle Schreibweisen nicht um eines faulen Budenzaubers willen verfocht, sondern weil er begriffen hatte, dass sie – in den richtigen Händen – eine erstaunliche Erweiterung der literarischen Möglichkeiten mit sich bringen.

KAPITEL I

Der emsige Pilger: eine Exposition, ohne die Sie vielleicht unglücklich gewesen wären

Christie Malry war ein einfacher Mensch.

Er hatte rasch begriffen, dass ihm kein Geld in die Wiege gelegt worden war; dass er es sich deshalb nach besten Kräften selbst beschaffen musste; dass unerfreuliche (und für ihn nicht akzeptable) Strafen darauf standen, wenn man es sich auf jene Methoden beschaffte, die die Gesellschaft für kriminell hielt; dass es andere Methoden gab, die die Gesellschaft (ziemlich willkürlich) nicht für kriminell hielt; und dass er höchstwahrscheinlich am besten dabei fuhr, wenn er sich in der Nähe von Geld platzierte oder zumindest in der Nähe von denen, die es verdienten. Er beschloss deshalb, Bankbeamter zu werden.

Ich sagte Ihnen ja, Christie war ein einfacher Mensch.

Bei dem Einstellungsgespräch, das formell alle neuen Angestellten mit einem der Generaldirektoren der Bank in der Zentrale führen durften, wurde Christies geringe Eignung offenbart, seine äußere Erscheinung unter die Lupe genommen und seine Nervosität kritisch vermerkt. Dann fragte man ihn, warum er in die Bank eintreten wolle. Christie war ratlos, es fiel ihm keine Antwort ein. Man half ihm rasch mit einer aus: Die meisten jungen

Männer traten in die Bank wegen der Sicherheit ein, wegen der äußerst reichlich bemessenen Pension, die zwei Drittel des Gehalts betrug, das der Beamte bei der Pensionierung bezog. Und das Pensionsalter an sich war schon ein Akt der Großzügigkeit: sechzig, nicht fünfundsechzig!

Christie war nicht bloß einfach, er war auch jung, zur Zeit dieses Einstellungsgesprächs ein paar Wochen älter als siebzehn.

Christie schwieg sogar zu der Mitteilung, dass er nur dreiundvierzig und nicht achtundvierzig Jahre warten musste, bis er frei war. Das ganze Gespräch zielte darauf ab, dass er eine standardisierte Reihe richtiger Antworten gab: oder für falsche Antworten Punkte verlor. Musste Christie das Spiel mitmachen? Der Generaldirektor ließ ihn seine Macht sehr deutlich spüren. Christie dachte indessen (und welches Privileg für uns, dies wissen zu können), dass er sich als Versager vorkommen würde, wenn er mit sechzig auf eine Bankpension angewiesen wäre; und dass es von einem beachtlichen Mangel an Elan zeugen würde, mit siebzehn an Pensionen und Ruhestand auch nur zu denken. Die Wahrheit, dass er daran interessiert war, sich in der Nähe von einem Haufen Geld zu platzieren, schien in diesem Zusammenhang nicht gefragt. Die Büroräume eines Generaldirektors einer der wenigen staatlichen Banken sind nicht der Ort zum Exeleutherostomisieren.

Hieraus könnten Sie eventuell schließen, dass Christie auf Geld so scharf war wie andere auf Sex: aber dem ist nicht so. Christie musste, wie fast alle von uns, zuerst daran denken, sich seinen Lebensunterhalt zu verdienen;

die Wirtschaft diktiert, in einem manchmal nicht völlig erkannten Ausmaß, die realen (im Gegensatz zu den imaginären) Möglichkeiten, die einem offen stehen, eine andere Richtung einzuschlagen. Doch seien Sie versichert, Sex zählte zu den Dingen, für die Christie Geld haben wollte; Sex zählte immer, besonders in diesem Alter, zu den Dingen, an die er am meisten dachte, die er sehr häufig im Kopf hatte.

Christie wurde trotz seiner Unzulänglichkeit, die richtigen Antworten zu geben, bei der Bank eingestellt; sein Unvermögen, überhaupt irgendwelche Antworten zu geben, sprach nicht so sehr gegen ihn wie eine Reihe falscher Antworten. Und aus Gründen, die Christie bald selbst erfahren sollte, hatte die Bank Schwierigkeiten, Anfänger seiner Altersgruppe zu halten, und stellte deshalb bewusst viel mehr ein, als ihres Wissens den langen Weg bis zum frühen Ruhestand und der ehrlich verdienten Zweidrittelpension durchhalten würden.

Also fing Christie an einem Montagmorgen im Oktober in der Hammersmith-Filiale (unweit von seinem Zuhause) dieses landesweit bekannten Konzerns an. Nach der relativen Geborgenheit seiner Schule (von der ich Ihnen wahrscheinlich nicht viel erzählen werde) bedeutete dies eine schmerzhafte Umstellung. Christie hatte damit gerechnet, hart arbeiten zu müssen und die Arbeit anfangs unangenehm und niedrig zu finden. Womit er nicht rechnete, war die Arbeitsatmosphäre, die seine Mitangestellten oder Kollegen, wie sie einander zu nennen pflegten, schufen. Eine ätzende Atmosphäre aus Frustration, Langeweile und Eifersucht, verdüstert von Bitterkeit, Kleinkariertheit und Bürokratie. Sie resultierte zum Teil aus den obsoleten Räumlichkeiten, in denen die Bank einst ihre Geschäfte aufgenommen hatte: denn trotz der modernen, computerisierten Kontenführung und des Umstands, dass jeder Kollege seine eigene Addiermaschine besaß, war anfangs so viel in die Einrichtung aus Mahagoni, Marmor und Messing investiert worden, dass man sie unmöglich wegschaffen und das Bankwesen neu überdenken konnte.

In dieser Atmosphäre wurde Christie selber rasch verbittert und unglücklich. Er hatte auch nicht das Gefühl, dem Geld entscheidend näher gekommen zu sein. Seine Aufgabe bestand darin, die Scheckbeträge mit einer Addiermaschine aufzulisten und am Ende des Tages seine Gesamtsumme mit der der Kassierer abzustimmen. An zwei von drei Tagen stimmte sie nicht überein; und an diesen Tagen musste er die Schecks noch einmal durchgehen und die Beträge einem Mädchen ansagen, das sie anhand der Liste überprüfte, bis sie den Fehler gefunden hatten. Manchmal konnten sie den Vorgang abkürzen, indem sie nach einem bestimmten Betrag suchten, der übersehen oder zweimal aufgeführt worden war. Doch das kam selten vor. Meistens lag es an einem verrutschten Komma, das alles über den Haufen warf. In den seltensten Fällen war es der Kassierer und nicht Christie, der einen Fehler gemacht hatte.

Das Mädchen hieß Margaret. Sie kochte den Tee: so unbedeutend war Christie nicht. Andererseits durfte er morgens die Post nicht öffnen; abends zukleben durfte er sie hingegen. Öffnen und Zukleben sind nicht dasselbe: Christie hatte da ganz klare Präferenzen, aber es bestand keine Chance, dass er ihnen nachgehen durfte.

Den Direktor der Filiale sah Christie höchst sporadisch; er blieb in seinem Büro und zitierte Untergebene zu sich. Christie rangierte nicht hoch genug, um in diesem Sinn ein Untergebener zu sein. Der Hauptbuchhalter und der zweite Buchhalter nahmen Christie ebenfalls kaum zur Kenntnis, außer um ihn eisig herunterzuputzen, wenn die Gesamtsummen nicht übereinstimmten oder wenn er sich (was oft passierte) irgendeinen anderen Fauxpas im Bankwesen leistete.

Die kaufmännischen Beamten und Kassierer bildeten eine geschlossene Mittelgruppe: gereifte Männer und Frauen, winzig.

Die einzige Kollegin außer Margaret, die mit Christie auch dann redete, wenn er keinen Fehler gemacht hatte, war Joan. Joan war neunzehn, reizlos, androgyn und Christies direkte Vorgesetzte. Sie war es, die ihm zeigte, wie seine (früher ihre) Addiermaschine funktionierte, sie zeigte ihm, wo er morgens Kaffee und nachmittags Tee trinken konnte, mit ihr konnte er auf Kosten eines Kassierers witzeln, der am Ende des Arbeitstages (na, sagen wir mal) zehn Pfund zu viel in der Kasse hatte.

Christie wurde ersucht, in die Angestelltengewerkschaft einzutreten. Er wusste, dass es eine richtige Bankengewerkschaft gab, aber die Banken hatten auch ihre eigenen, die sie Angestelltengewerkschaften nannten. Den Trick durchschaute Christie sogar in dieser politisch ahnungslosen Phase seines Lebens. Das Ersuchen war umso ironischer, weil es der Mann vorbrachte, der am ehesten solche Schwierigkeiten machen würde, deretwegen sich Christie eventuell mit der Bitte um Rechtshilfe an eine Angestelltengewerkschaft wenden könnte: der Hauptbuchhalter.

Christie trat trotzdem ein. Das Ersuchen stellte erneut eine Frage dar, die nur eine richtige Antwort zuließ; und Schweigen war diesmal nicht akzeptabel. Also wurde von Christies Gehalt jede Woche ein kleiner Betrag abgezogen und dem Konto der Angestelltengewerkschaft gutgeschrieben. Christies Gehalt an sich war minimal: Dies, so erklärte man ihm, sei der Ausgleich für seine absolut sichere Anstellung. Andere Firmen und Institutionen seien da vergleichsweise dubios. Da konnte einer vierzig Jahre für sie gearbeitet haben und dann plötzlich auf der Straße stehen, arbeitslos. Schöne Aussichten!

Christie fiel es trotzdem schwer, das zu akzeptieren, damit zu leben. Er freute sich auf seinen achtzehnten Geburtstag, wo eine kleine Gehaltserhöhung versprochen, wenn nicht fällig war. Als sie kam, stellte er fest, dass sie mit buchhalterischer Genauigkeit und gestochener Handschrift kompensiert wurde durch die erhöhten Beiträge, die er als nunmehr Erwachsener an die Staatliche Krankenversicherung und die Angestelltengewerkschaft entrichten musste.

Zu Weihnachten gab es eine Gratifikation, von der Christie seiner Mutter eine Flasche Sherry kaufen konnte. Zu Weihnachten war Christie noch bei der Bank, er hatte bislang nicht den Mut gefunden, seine Kündigung einzureichen: Das folgte noch, im Frühling.

Und dem Geld, da war sich Christie bald sicher, dem war er nicht nennenswert näher gekommen. Es ging ihm sogar sehr bald wie allen ehrlichen Menschen in einer ähnlichen Situation: Die Distanz wuchs. Das Geld, das er in Stapeln und Säcken sah, war tatsächlich etwas ganz anderes als die Scheine und Münzen in seiner eigenen Tasche. Und diese Transaktionen auf dem Papier, mit denen er teilweise zu tun hatte, ergaben auch keinen rechten Sinn: Er zerbrach sich den Kopf, warum die J. Seminole Ltd. der Anwaltskanzlei, die in den Räumen über der Bank residierte, 53.48 £ überwiesen hatte, und natürlich konnte er das innerhalb der Bank nicht herausfinden. Es würde, so dachte er, die Geheimhaltungspflicht über Kundengeschäfte, die er bei seinem Eintritt in die Bank schriftlich hatte geloben müssen, zur Farce machen. Der Direktor kannte zweifellos Geheimnisse, der Hauptbuchhalter war bestimmt auch in einige eingeweiht; aber bis zu Christie durfte nichts durchsickern. Wenn er zufällig belauschte, wie die Kassierer und kaufmännischen Beamten über einen merkwürdig schwankenden Aktienwert diskutierten, dann war dies das größte Geheimnis, das er erfuhr; und wenn Bankbeamte über so etwas laut redeten, dass es jeder hören konnte, dann war es ohnehin kein Geheimnis mehr.

Also überlegte Christie noch einmal. Und direkt, wie er war, modifizierte er seine Vorgehensweise nur: Er beschloss, dass er, um dem Geld näher zu kommen, Buchhalter werden musste, damit er sah, wo das Geld herkam, wie es manipuliert wurde und wo es hinging.

Ein einfacher Mensch, wie ich nur zu oft gesagt habe.

Christie plante in zwei Schritten. Der erste sah vor, die schützende, lebenslange Sicherheit, die die Bank bot, zu ignorieren und sein Glück bei einer jener unbesonnenen neuen Firmen zu versuchen, die weniger als ein paar

Jahrhunderte existierten. Der andere bestand darin, einen Fernkurs zu beginnen, der zu Prüfungen führte, die ihm, wenn er sie schaffte, den Fachabschluss als Buchhalter einbrachten.

Im Frühling machte Christie folglich von seiner monatlichen Kündigungsfrist bei der Bank Gebrauch, überstand unbeschadet die unverhohlene Verachtung der Kollegen, die ihn eindeutig für einen Tunichtgut hielten (oder für etwas, das ebenso altmodisch war wie die Fassade der Bank), und vor allem Joans Bestürzung, die den ganzen Monat kein Wort mit ihm sprach. Und es wurde auch kein Geld für Christie gesammelt, es gab keinen Abschiedskuchen zum letzten Nachmittagstee, keinen warmen Händedruck oder das Versprechen, sich doch bald einmal zum Lunch oder bei einem Drink zu treffen.

Aber Christie hatte bei der Bank eine Menge gelernt. Damals war ihm das kaum klar; später würde es sich als sehr nützlich erweisen.

Christies neuer Arbeitsplatz lag ebenfalls in Hammersmith und wie es sich traf, unweit der Bank. Die Firma Tapper's stellte erst seit dreiundachtzig Jahren Süßwaren und Kuchen her, und nach dieser langen Zeit fehlte ihnen jetzt ein Fakturist. Christie war der Einzige, der auf ihre Anzeige antwortete: Er dachte, es könnte genau das sein, was er brauchte.

Abends arbeitete Christie für den Fernkurs in Buchhaltung, für den er sich eingeschrieben hatte. Fast gleich zu Beginn lernte er das System der Doppelten Buchführung kennen, das ihn (wenn auch erst einige Zeit später) auf seine Tolle Idee bringen und seinen Lebensweg so radikal beeinflussen sollte.

Obwohl sich in vielen älteren Zivilisationen Zeugnisse irgendeiner Form der schriftlichen Rechnungsführung finden, so war doch der Erste, der die als Doppelte Buchführung bekannte Methode in ein System brachte, Fra Luca Bartolomeo Pacioli, ein toskanischer Mönch und Zeitgenosse Leonardo da Vincis. Pacioli gliederte seine Darstellung der Rechnungsführung einem wesentlich umfangreicheren mathematischen Werk ein, *Summa de Arithmetica, Geometria Proportioni et Proportionalità,* das 1494 zu Venedig gedruckt wurde und deshalb als Inkunabel gilt. Es liegt jetzt leicht zugänglich in einer Übersetzung vor, die vom Institute of Bookkeepers and Related Data Processing Ltd. veröffentlicht wurde, denen ich selber für die Erlaubnis, zitieren zu dürfen, Dank schulde. Die Exposition dieses Romans wäre ohne einen Extrakt aus dieser Primärquelle nicht vollständig:

AUF DASS die verehrten Untertanen des Herzogs von Urbino alle Regeln des Handels hätten, deren sie bedürfen möchten, habe ich noch diese besondere, höchst notwendige Abhandlung verfasst. Ich habe sie nur deshalb beigefügt, damit ihnen das vorliegende Werk in jedem vorkommenden Falle in betreff der Konten, Schriftstücke und Rechnungen dienen kann. Ich gedenke ihnen deshalb ausreichend Regeln an dic Hand zu geben, die sie befähigen, ihre Konten und Bücher alle auf ordentliche Weise zu führen. Denn wie man weiß, sind drei Dinge für den vonnöten, der mit gebührendem Fleiße Handel treiben will. Am wichtigsten davon ist das bare Geld oder jede andere Vermögenssubstanz, ohne welche man nur schwer Handel treiben kann.

Es ist wohl vorgekommen, dass viele, die mit nichts als mit dem guten Glauben begannen, trotzdem große Geschäfte machten; und indem sie den Kredit treulich bewahrten, mehrten sie ihr Vermögen. In unseren Gesprächen mit Personen in ganz Italien haben wir solche in reicher Zahl kennen gelernt; und in den großen Republiken genügt das Wort eines guten Kaufmannes, und es gilt als Eid, wenn man sagt: ›Beim Wort eines wahren Kaufmannes‹. Das darf nicht weiter wundernehmen, weil ein jedermann nach katholischer Weise nur durch den Glauben selig wird, ohne welchen man Gott nicht wohlgefällig sein kann.

Zum Zweiten muss man für den Handel ein guter Rechner und geschickter Buchhalter sein, und um dies zu erreichen, haben wir (wie oben zu ersehen) ordentliche Regeln und Vorschriften angeführt, die für jeden Vorgang erforderlich sind, sodass jeder beflissene Leser alles für sich selbst erlernen kann. So einer diesen Teil nicht gründlich begreift, wird ihm das Folgende nicht von Nutzen sein.

Die dritte und letzte Notwendigkeit ist, dass man alle seine Geschäfte mit schöner Ordnung führt, damit man in aller Kürze von jedem Kenntnis haben kann, sowohl vom Debet als auch vom Kredit, denn auf anderes erstreckt sich der Handel nicht. Dies ist sehr nützlich, weil es unmöglich wäre, ein Geschäft ohne gebührende Ordnung in der Buchhaltung zu führen; denn ohne Ruhe wären die Kaufleute allzeit in großer Sorge. Deshalb habe ich diese Abhandlung verfasst, worin die Methode zur Buchführung für Einträge aller Art gegeben wird, wobei ich von Kapitel zu Kapitel fortschreite; und wiewohl ich nicht alles hersetzen kann, was über dieses Thema geschrieben werden müsste, so wird ein emsiger Pilger doch imstande sein, es bei Bedarf auf jeden anderen Fall anzuwenden.

KAPITEL II

Hier ist Christies Tolle Idee!

Christie Malry, der einen langen Tag im Wesentlichen damit verbracht hat, diverse Maschinen mit Papieren zu füttern, befindet sich auf dem Heimweg von Tapper's Büro und kontempliert derweil die sublime Symmetrie der Doppelten Buchführung.

Für die folgende Stelle scheint mir der Versuch einer Transkursion in Christies Kopf notwendig; das heißt natürlich, die Illusion einer Transkursion, denn Sie wissen ja ganz genau, in wessen Kopf das Ganze wirklich stattfindet.

Wer hat mich diesen Weg gehen lassen?
Wer hat entschieden, dass ich nicht zwei Meter weiter da drüben gehen soll oder drei Strich West von Nord-Nord-Ost, um das Marinekürzel zu verwenden? Irgendjemand? Niemand? Irgendjemand muss es entschieden haben. Außerdem war es eine bewusste Entscheidung. Das heißt, die haben gesagt (er hat gesagt, sie hat gesagt), ich werde hier bauen.
Aber egal, wer es war, ich glaube nicht, dass er auch noch hinzugefügt hat: Darum soll Christie Malry nicht hier langgehen, sondern da. Wenn er möchte. Ah! Und an dem Punkt da habe ich ihn/sie/die! Wenn ich möchte.

Aber meine Möglichkeiten werden bis zu einem gewissen Grad von denen kollektiv eingeschränkt. Ich werde meine Möglichkeiten mal auflisten. Ich möchte vielleicht gerade dieses Stück Bürgersteig etwa zwölf Meter weit auf einer Breite von ungefähr zweieinhalb Metern entlanggehen. Meine Freiheit wird einerseits eingeschränkt durch den Wunsch, nicht angefahren zu werden. Und andererseits durch den Erbauer dieses zweifelsohne spekulativen Büroblocks. Die erste Einschränkung akzeptiere ich, sie wird mir von der Gesellschaft durchaus einleuchtend aufgezwungen. Die andere akzeptiere ich nicht. Wen kann ich dafür verantwortlich machen? Die Person, die diese Entscheidung getroffen hat, die eindeutig nicht zu meinem Besten ist, lebt wahrscheinlich nicht mehr. Aber ihre Nachfolger, Erben, Testamentsvollstrecker, Nachlassverwalter, Bevollmächtigten und Treuhänder leben bestimmt noch, sonst wären sie ja nicht hier und würden Geschäfte machen. Sie haben nichts dagegen, die Verantwortung für das ganze Geld zu übernehmen, das man/er/sie ihnen hinterlassen hat, darum dürfen sie auch ruhig die Verantwortung dafür übernehmen, dass mir dieses Gebäude im Weg steht, meine Bewegungsfreiheit einschränkt und mir vorschreibt, wo ich auf dieser Straße gehen darf und wo nicht. Ich könnte es mit Begriffen aus der Doppelten Buchführung ausdrücken. Debet Empfänger, Kredit Geber, die Zweite Goldene Regel, Debet Christie für empfangene Belästigung, Kredit Büroblock für die zugefügte Belästigung. Wie lässt sich das Konto bereinigen? Ich bin natürlich berechtigt, die Zah-

lung einzutreiben. Jedem Debet muss ein Kredit entsprechen, die Erste Goldene Regel. Aber Zahlung in welcher Form?

Christie machte kehrt und ging zurück, gegen den Strom der Menge, und wieder am Büroblock vorbei. Er blieb stehen und holte eine Münze aus der Tasche, hielt sich dicht an der Mauer, ließ die Hand mit der Münze hängen und kratzte einen ungefähr meterlangen unansehnlichen Strich in die geschwärzte Portlandsteinfassade des Büroblocks.

Debet Sie, Kredit Ich! Konto bereinigt!

Christie ging weiter, als sei nichts geschehen, als hätte niemand es bemerkt. Niemand hatte es bemerkt!

Aber Christie hätte seine Entdeckung beinahe laut ausposaunt:

Eine Tolle Idee! Heureka! Meine ganz private Doppelte Buchführung!

KAPITEL III

Ave atque vale für Christies Mutter

Christie wohnte mit seiner Mutter zu dieser Zeit unweit der Hammersmith Bridge in dem Stummel der Mall Road, der nach dem Bau der Überführung und den begleitenden straßentechnischen Verbesserungen übrig geblieben war.

Als er an diesem Tag nach Hause kam (die Zeit verläuft jetzt mehr oder weniger kontinuierlich), stand seine Mutter auf und begrüßte ihn. Dann gab sie folgende Erklärung ab:

»Mein Sohn: Ich bin zwecks dieses Romans auf den Tag genau achtzehn Jahre und fünf Monate lang deine Mutter gewesen, wenn ich davon ausgehe, dass die Empfängnis nach Mitternacht stattgefunden hat. Nachdem du jetzt deine Tolle Idee gehabt hast und dich auf dein Lebenswerk stürzt, gibt es für mich nichts mehr zu tun.«

Christies Mutter machte eine Pause. Dann fuhr sie fort.

»Ich beklage mich nicht. Ich habe allen Grund, mit meiner Leistung zufrieden zu sein.

Ich habe dich umsorgt, ohne dich zu verhätscheln, vernünftig für dich gekocht, ohne irgendwelche Modekrankheiten zu riskieren, die zu verschiedenen Zeiten jeweils mit Lebensmitteln verbunden waren. Diejenigen

Teile meines Körpers, die den im letzten Vierteljahrhundert herrschenden Tabus unterliegen, sind spätestens seit deinem dritten Lebensjahr nicht mehr vor dir entblößt worden. Gattenlos habe ich dich so erzogen, dass du keinen Vater vermisst, ohne dich dabei in deiner so genannten Normalität zu schädigen. Ich bilde mir ein, dass du du selbst bist, dass du zugleich mehr und weniger bist als das, was ich aus dir gemacht habe, wenn das einen Sinn ergibt. Ich habe deinen Charakter auch nicht von den anderen Männern formen lassen, denen ich erlaubte (denn ich bin kein Holzklotz), meinen Weg zu kreuzen und in das Heiligtum meiner Weiblichkeit einzudringen. Der Gebrauch dieser recht gesuchten Metapher soll dir die Schamröte ersparen, Christie, denn in der Regel müssen Söhne über dreißig sein, bevor sie ohne Peinlichkeit mit ihren Müttern über sexuelle Fragen sprechen können. Oder über sonst irgendetwas, habe ich manchmal (in zynischen Augenblicken) gedacht.«

Wieder machte die reizende alte Dame eine Pause, sann, und fuhr fort:

»Ich habe dir sogar erlaubt, ein Haustier zu halten, eine Katze, um irgendeine Art von Zärtlichkeit in dir zu fördern, trotz des Umstands, dass Austin unweigerlich mehr Arbeit für mich bedeutete, weil ich die Mäuse und anderen kleinen Geschöpfe, die er regelmäßig hereinschleppte, abhäuten und schmoren musste. Zu deinem Glück ist Austin vier Monate vor dem Augenblick dieser Erklärung, die ich gerade gebe, verschieden, das erspart dir die Unkosten, ihn in der Tierklinik einschläfern zu lassen, Christie. Und wie habe ich gelacht, als du zum ersten Mal gelispelt hast: ›Hab Muschi wirklich gern!‹«

Und die alte Dame duldete es, dass ein unvermutetes Lächeln ihr sanftes, zerfurchtes Gesicht aufhellte. Christie lächelte ebenfalls, während seine Mutter ihre Rede fortsetzte:

»Wir haben nicht immer hier gewohnt. Es ist wichtig, dass sie das nicht vergessen, Christie, wenn sie verstehen sollen. Ich möchte gar nicht einmal unbedingt, dass sie verstehen, aber es ist fraglos wünschenswert, dass du die Möglichkeit hast, ihnen zu erlauben zu verstehen, wenn du das willst. Nein, wir haben woanders gewohnt. Zwischen deinem sechsten und neunten Lebensjahr haben wir am Rand einer Kleinstadt gewohnt in einem Haus mit einem Bahngleis am Ende des Gartens. Es gab nur zwei Züge am Tag, und im Grunde war es eigentlich ein und derselbe: hin zur Marmeladenfabrik und dann retour auf derselben Spur. Aber ich gerate ja ins Reimen ...«

Die alte Dame wirkte verärgert und gab sich selber einen spielerischen Klaps auf den Handrücken, ehe sie fortfuhr:

»Bald hattest du gelernt, Pennys auf die Schienen zu legen und zu beobachten, dass die beladenen Züge sie platter walzten als die zurückfahrenden. Oh, damals, da hatten wir Pennys im Überfluss! Und auch ein Loch im Zaun, durch das man auf das Eisenbahngelände gelangte. Das waren noch Zeiten! Im Nu hast du auf dem Gleis mit Milchflaschenscherben experimentiert, um einen äußerst billigen Herstellungsprozess für Glaspulver zu perfektionieren. Wie stolz war ich auf dich, als du eine bemerkenswerte Frühreife offenbartest, indem du die Scherben von Gift- und anderen bunten Glasflaschen nahmst, um so köstlich und apart getönte Pulver zu gewinnen!«

Die alte Dame schien für einen Moment in Gedanken versunken, die kostbaren Erinnerungen barsten in ihrem Geist wie Forsythienknospen am ersten warmen Tag im Jahr. Dann umwölkte sich ihr Gesicht bei einem Gedanken, der sich aus den anderen ergeben hatte und den sie für geraten hielt, so auszudrücken:

»Dann kam der empörende Tag, als der Lokomotivführer den Zug anhielt und dich unschuldiges Kind mit Gleisschotter bewarf! Wen könnte es da wundern, dass wir deine Einstellung zur Autorität auf diesen Moment zurückführten? So etwas musste doch einfach das zukünftige Entwicklungsmuster eines kleinen Kindes beeinflussen, oder nicht? Das ist ein Beispiel dafür, wie wichtig die Geographie für sie ist: Wer könnte ohne das Wissen, dass wir einmal in einem Haus gewohnt haben, das so dicht an der Bahnlinie lag, einen solchen Anfang vermuten?«

Die alte Dame legte eine Pause ein, um Eindruck zu machen, erzielte ihn und fuhr fort:

»Vergiss nicht, ich habe dir als Erste die lustige Geschichte von Gott erzählt, die den Lesern zur rechten Zeit bestimmt weitergegeben werden wird.«

Christies Mutter machte erneut eine Pause. Es wurde Zeit, zu Ende zu kommen, solange sie noch eine Klimax erlebte, dachte sie, und begann also wieder:

»Wir glauben törichterweise, dass es eine Abrechnung geben wird, einen Tag, an dem alle Ungerechtigkeiten ausgeglichen werden, wo sich fraglos erweisen wird, dass wir richtig gehandelt haben, wo das Licht unserer Rechtfertigung über der Welt erstrahlt. Aber wir irren uns: wisse denn, dass es keinen Tag der Abrechnung geben wird, es sei denn vielleicht aus Versehen. Anscheinend passieren genug Versehen, damit dies für die meisten von uns eine Hoffnung oder sogar eine Erwartung ist, dieser Tag der Abrechnung. Doch wir werden unordentlich sterben, wenn wir eigentlich nicht darauf gefasst sind, in einem Durcheinander – das meiste wird nicht geregelt, nicht abgerechnet sein – mit der Überlegung, dass alles Chaos ist. Selbst wenn wir einsehen, dass alles Chaos ist, so stellt doch diese Einsicht an sich eine Leugnung des Chaos dar und muss daher eine Illusion sein.«

Christies Mutter machte nach dieser gewichtigen und wenig eleganten dialektischen Auseinandersetzung zum letzten Mal eine Pause und schloss dann:

»Ich bin länger geblieben als erwünscht. Ich habe von meinem Leben so viel gelebt, wie ich möchte. Es ist einfach an der Zeit zu gehen. Wir müssen alle einmal gehen, auch wenn man uns das viel zu oft gesagt hat. Ich kann nicht behaupten, dass ich wirklich zufrieden bin: wer könnte das schon? Aber ich füge mich. Und auch ohne die Konservenreserven anzubrechen, hast du noch für zwei Tage zu essen, oder vielleicht auch für drei, falls dir mein Tod irgendwie den Appetit verderben sollte. Das Haus gehört dir. Mit dem Geld auf meinem Sparbuch wirst du mich anständig beerdigen können, wenn du Wert auf Anstand legst. Das Übrige musst du in dem chaotischen Zustand übernehmen, in dem ich es vorgefunden habe und in dem ich es hinterlasse.«

Christies Mutter starb.

KAPITEL IV

Worin eine Ziege Beistand erfährt

»Warum ist eine Beerdigung nötig?«, fragte Christie.

»Es ist so üblich«, sagte der Bestattungsunternehmer.

»Ich weiß, dass es so üblich ist«, sagte Christie, »aber warum ist es nötig?«

»Es war schon immer so«, erwiderte der Bestattungsunternehmer, »und es wird auch immer so sein.«

Den Glauben möchte ich auch haben können, dachte Christie. Und wegen seiner Rechnung, da wird er mich verklagen müssen. Was kann er denn schon machen, wenn ich mich weigere zu bezahlen? Würde meine Mutter nicht eingeäschert, könnte er damit drohen, sie wieder auszugraben. Wie die Dinge liegen, muss er sich eventuell darauf beschränken, mit ihrer Asche etwas Unerfreuliches anzustellen.

Christie war der einzige Leidtragende, denn Knappheit in puncto Verwandtschaft (wie auch in sehr vielen anderen Dingen) zählt zu den Vorzügen dieses Romans. Der für die Durchführung der Feierlichkeit bezahlte Reverend sang unter Christies unbehaglichem Blick kräftig und ungeniert solo (er tat es nicht zum ersten Mal). Der Sarg glitt ruckend durch die niedrigen Eichentüren davon und seinem NTGB Holocaust entgegen. Als Christie in das Seitenschiff bog und zur Tür strebte, stellte er fest, dass der Reverend durch einen rückwärtigen Gang rasch genug herumgeflitzt war, um dem scheidenden Hinterbliebenen sein aufrichtiges Beileid aussprechen zu können. Christie entsann sich in diesem Moment an sein Honorar; das heißt, er entsann sich, dass der Kostenvoranschlag des Bestattungsunternehmers ein Honorar für den Reverend enthalten hatte. Christie lächelte bei dem Gedanken, dass der Reverend irrtümlicherweise annahm, er würde bezahlt werden. Der so natürlich ermutigte Reverend erwiderte das Lächeln und bedachte Christie statt mit Abschiedsworten mit einem Handzettel.

Wenn meine Zeit kommt, dachte Christie, wenn sie überhaupt jemals kommt ...

Christie gab dem Bestattungsunternehmer die Anweisung, den einzigen Kranz zwecks Beseitigung keinem Krankenhaus, sondern der nächsten Niederlassung der Volksfürsorge für kranke Tiere (wenn der Verein noch so hieß) zu spenden, wo er dann wenn möglich an eine gangränöse Ziege verfüttert werden sollte. Der Bestattungsunternehmer übernahm feierlich die Verantwortung dafür, dass dieser letzte Wunsch von Christies Mutter erfüllt wurde; sie hatte Ziegen wahnsinnig gern gehabt.

Der Handzettel des Reverends war ein Rundschreiben an alle (alle beide?, dachte Christie), die regelmäßig ihre Andacht in der Anglikanischen Kirche von St. Jude, Hammersmith, verrichteten. Zu Hause angekommen, las es Christie durch, auf dem Sofa, das jetzt ihm gehörte, und bemerkte, wie achtlos der Reverend war in seinem allzu häufigen Gebrauch des Ausrufezeichens der Schreibmaschine, das (ungenügend) durch ein Apostroph über einem Punkt gebildet wurde. Es fanden sich auch eine Reihe von Rechtschreib- und Grammatikfehlern, die Christie dem Reverend nachsah. Dann ging er hinüber zum Schreibtisch, der jetzt ebenfalls ihm gehörte, entnahm ihm lila Briefpapier und schrieb dem Eichamt des Stadtteils Hammersmith den folgenden Brief:

28 Mall Road
London W6

Betrifft: St. Jude's Church

Sehr geehrte Herren,

Wie Sie bemerken werden, behauptet die Organisation, die beiliegenden Handzettel veröffentlicht, »alle Antworten auf alle Probleme, ob persönlich, politisch oder international«, zu besitzen.
Ich wäre Ihnen dankbar, wenn Sie die sachliche Richtigkeit dieser Behauptung nachprüfen würden, und sollte sie sich in irgendeiner Weise als falsch oder übertrieben erweisen, so erwarte ich, dass Sie gemäß des einschlägigen Paragraphen des Trade Descriptions Act ein Verfahren einleiten.

Mit freundlichen Grüßen
Christie Malry

KAPITEL V

Das Lexikonwörter-Duell
zwischen Skater und Wischer;
und die Preisgabe
von des Letzteren Spitznamen

Ich werde jetzt einen kleinen Dialog zwischen Christie und dem Bürovorsteher versuchen, so, als hätte er stattgefunden.

VORSTEHER: Malry, ich habe Sie gebeten …

CHRISTIE: Mr. Malry, bitte. Oder Christie, wenn Sie wollen. Das liegt bei Ihnen.

VORSTEHER: Wer stellt hier wen zur Rede?

CHRISTIE: ›Freundliche Unterhaltung‹, hatten Sie gesagt.

VORSTEHER: Eine Redensart. Malry, ich kann nicht behaupten, dass …

CHRISTIE: Mr. Malry, ich muss darauf bestehen. Oder Christie. Seit frühesten Zeiten hat man es mit den Anredeformen sehr genau genommen. Sie attackieren mich, indem Sie mich beschimpfen. Ich verweise Sie auf andere Kriege. Reden Sie mich mit meinem richtigen Namen an.

Schweigen. Die Macht zur Kündigung und die Macht zum Verzicht hielten sich die Waage. Ersteres kam im Moment nicht in Frage, beschloss der Vorsteher. Er würde ihn überhaupt nicht anreden.

VORSTEHER: Wo waren Sie gestern Nachmittag?

CHRISTIE: Auf der Beerdigung meiner Mutter.

VORSTEHER: Warum haben Sie nicht um Erlaubnis gebeten?

CHRISTIE: Sie ist ziemlich unangekündigt gestorben. Eigentlich ohne jede Ankündigung, vorgestern Abend.

VORSTEHER: Und das hat Ihnen gereicht, um für den nächsten Tag die Beerdigung zu arrangieren?

CHRISTIE: Mehr Zeit war nicht. Das ist ein kurzer Roman.

Und Christie ging achselzuckend hinaus, weil er wusste, dass es darauf keine Antwort gab. Trotzdem ärgerte sich Christie auf dem Rückweg zu seiner Abteilung darüber, dass der Vorsteher so teilnahmslos und ohne Mitgefühl auf den Tod seiner Mutter reagiert hatte. Der Vorsteher war sich zweifellos routiniert und sachlich vorgekommen, einer, der sich vom Tod und so nichts bieten lässt. Ich bin debitiert worden, dachte Christie, die Doppelte Buchführung muss zur Anwendung kommen.

Dieses Debet konnte erst später am Vormittag ausgeglichen werden. Zu den niedrigeren Aufgaben Christies gehörte es, morgens die Post für seine Abteilung zu öffnen, und das hatte er wie gewöhnlich getan und sie dabei nach Bestellungen, Rechnungen und Anfragen/Beschwerden sortiert. Die Lektüre der Beschwerden machte ihm am meisten Spaß. An diesem Tag gab es den neuesten von einer Reihe giftiger Beschwerdebriefe eines Gastronoms, der beim Roulett von Tapper's Warenrotationsprinzip Pech gehabt hatte: Die ihm zugeschickten Kuchen waren nicht nur altbacken, sondern wimmelten auch von Ungeziefer. In der Folge habe der Ruf von Skater's Restaurant gelitten, behauptete Mr. Skater, und er wollte Rache: In seinem ersten Brief hatte er tatsächlich sogar die abgedroschene Forderung nach dem Kopf des Generaldirektors gestellt, mit getrennter Post von einer zerknirschten Entschuldigung und der sofortigen Wiedergutmachung des unabsehbaren Schadens. Der heutige Brief, so hatte Christie mit einiger Enttäuschung festgestellt, bekundete einen gewissen Qualitätsabfall der Skaterschen Invektive. Er enthielt Einzelheiten über den kleinen Anteil der anstößigen Waren, der nicht verzehrt worden war, sowie die Kontrollnummern aller Schübe auf den Tabletts; dann flüchtete er sich frustrierend in eine nur nebulöse Beschreibung dessen, was denn nun genau passieren würde, falls sich die Firma Tapper nicht noch diesen Morgen von höchster Stelle aus telefonisch entschuldigte.

Christie beseitigte den Brief!

Christie durchsuchte seinen Papierkorb, fand den Umschlag von Skater's Restaurant und beseitigte auch den!

Niemand beobachtete ihn.

Bewusst beiläufig steckte Christie Malry den Brief wieder in den Umschlag, ließ ihn eine Minute liegen, schob ihn auf seinen Schoß, zückte sein Taschentuch, bedeckte den Brief, ließ beides in seine linke Hosentasche gleiten. Dort brannte der Brief für den Rest des Vormittags auf die wohl bekannte Weise. Heute Vormittag wird er nicht anrufen, Skater, dachte Christie.

Unten am Fluss bei der Hammersmith Bridge fütterte Christie ganz legal in seiner Mittagspause die Vögel mit dem Fett, das er von dem Viertelpfund Schinken abriss, den er sich in dem kleinen Laden neben dem Kino am Broadway gekauft hatte. Das Magere aß er. Spatzen hockten da auf dem Dach eines an der Mauer vertäuten Hausboots, Tauben auf dem Trottoir, und in der Luft kreisten Möwen und kreischten wie Möwen zu tun pflegen, doch ich wiederhole mich. Fettfingerig zerriss er auch Skaters Brief in viele Stücke und übergab sie im Verlauf einer halben Stunde der Ebbe, damit sie hinuntertrieben, vorbei an Harrods Lagerhaus, Grosvenor Bridge, Bugsbys Reach, Frog Island und all den anderen beziehungsreichen Stätten.

Sie fanden ihr Ende, die Stücke.

Skater hat es aufgeschoben, bis sein Mittagsgeschäft vorbei ist, dachte Christie, genau wie ich es mir gedacht habe. Jedes Mal, wenn das Telefon läutete, erwartete Christie, dass es Mr. Skater war. Um zehn nach drei war er es, und mit so jemand wie Christie wollte er sich nicht abgeben: Er verlangte den Generaldirektor. Christie verband ihn mit seinem Abteilungsleiter, Mr. Wischer. Wischers Spitznamen kannte Christie schon: Wichser. Skater war derart wütend, dass Christie seine Worte deutlich verstehen konnte, und zwar mühelos. Er begann mit der Frage, warum man auf seinen Brief hin nichts unternommen habe. Wischer sagte ihm, es sei kein Brief eingegangen. Um sich zu vergewissern, kam der Abteilungsleiter zu Christies Schreibtisch und durchsuchte ihn gründlich; dann setzte er die Suche auf den Schreibtischen von zwei anderen kaufmännischen Angestellten, seiner Sekretärin, seinem Assistenten und seinem Stellvertreter fort. Probiers doch mal unten bei Coldharbour Point, dachte Christie mit einigem Vergnügen, oder vielleicht sogar Gemeinheit.

Skaters aggressives Gebrüll, als man ihm sagte, es sei kein Brief eingegangen, war noch über mehrere Schreibtische hinweg zu hören; sein Vorschlag lautete, er würde (falls er dort wäre) Wischer defenestrieren. Christies Abteilungsleiter war darüber aufgebracht und ließ durchblicken, ohne zu bedenken, dass er damit den Ruf der Firma gefährdete, dass, sollte sich Skater ihm auf fünfzig Meter nähern, er, Skater, (bevor er seine Drohung ausführen könnte) dem raschen Vorgang einer Trituration unterworfen werden würde. Skater reagierte mit einer eindeutig unfairen (weil zutreffenden) Divination, er schloss aus Wischers Telefonmanieren auf die helminthoiden Züge des Abteilungsleiters. Wischer schnauzte das einzige Wort zurück, das ihm im Moment einfiel, Kryptorchide, doch weil ihm nie die nötige Gelegenheit zur Beobachtung, geschweige denn zur Durchführung einer Zählung zuteil geworden war, fand Christie, dass sein Vorgesetzter hier seine Integrität aufs Spiel gesetzt hatte. Und mit würgenden Lauten der Inkompetenz an beiden Enden der Leitung erlosch die Konversation ohne jedes Zeichen irenischer Bestrebungen.

Und Christie ergötzte das alles über die Maßen!

Als Christie in die Mall Road zurückkehrte, stellte er erfreut fest, dass er sich hier endlich zu Hause fühlen konnte, denn auf dem Abtreter lag ein Brief, und er war an ihn adressiert. Ein Verein wollte ihm Zwiebeln verkaufen, Blumenzwiebeln, bat ihn um Aufmerksamkeit, legte einen frankierten Rückumschlag bei. Christie fühlte sich durch die Zeitverschwendung ein wenig debitiert und kreditierte sich prompt etwas, indem er den Umschlag ohne Inhalt zum Briefkasten brachte.

Als er zurückkam, machte er sich eine ganze Bratpfanne voll mit Zwiebeln und Würstchen.

Dann begann Christie, seine Rechnung aufzustellen.

DIE ERSTE ABRECHNUNG

Merke ferner, dass, je näher du immer den Kreditor seinem Debitor setzen kannst, es umso zierlicher sein wird, wiewohl es darauf nicht ankommt. Doch weil sich manchmal ein anderes Datum zwischen den ersten und den zweiten Posten drängt, wo es nicht gut aussieht, macht es keine geringe Mühe, sie zu finden, wie der weiß, der es je schon versucht hat. Es lässt sich hier nicht alles ausführen, und so muss man sich denn mit seiner eigenen angeborenen Erfindungsgabe helfen.

Pacioli

CHRISTIE MALRY in Rechnung mit IHNEN — ERSTE

DR BELÄSTIGUNG				KR ENTSCHÄDIGUNG			
1. Okt	Widerlichkeiten des Bankgeneraldirektors	1	00	Okt-Apr	Kleine Freundlichkeiten von Joan	0	28
Okt - Apr	Atmosphäre in der Filiale wie beschrieben	4	50	1. Mai	Kratzer auf Fassade des edwardischen Büroblocks	0	05
Okt - Apr	Besondere Rüffel von Haupt- und Hilfsbuchhaltern	2	30	2. Mai	Rechnung des Bestattungsunternehmers nicht bezahlt	1	71
24 Nov	Buchstäblich zum Eintritt in Gewerkschaft gezwungen	0	60	2. Mai	Brief an Eichamt betreffs St. Jude	0	04
Okt - Apr	Verdruss, weil keine Geheimnisse erfahren	0	55	3. Mai	Vernichtung von Skaters Brief	6	00
1 Mai	Bewegungseinschränkung durch edwardischen Büroblock	0	05	3. Mai	Freiumschlag von Zwiebelfirma leer zurückgeschickt	0	03
2 Mai	Leiden und Verlust durch Bestattungsunternehmer	1	71	3. Mai	Christie geschuldeter Saldoübertrag auf neue Rechnung	8	67
2 Mai	Unbehagen in Gegenwart des Reverends	0	04				
3 Mai	Mangelndes Mitgefühl des Bürovorstehers	6	00				
3 Mai	Zwiebel-Nötigung	0	03				
		16	78			16	78

KAPITEL VI

Christie wird beschrieben; und die Neuntöterin erschaffen

Der Versuch einer Schilderung von Christies Äußerem stünde an. Ich unternehme ihn ohne rechtes Selbstvertrauen, in dem Wissen, dass solche physischen Beschreibungen in einem Roman selten von Nutzen sind. Es ist eine seiner Grenzen; und es gibt deren noch so viele andere. Zahlreiche Leser, und diese Erkenntnis würde mich nicht einmal überraschen, wenn sich darüber zweckdienliche Ermittlungen anstellen ließen, lesen solche Beschreibungen überhaupt nicht, sondern blättern weiter bis zum nächsten Dialog oder leichter fasslichen Abschnitt. Ferner, so habe ich oft gelesen und sagen hören, stellen sich anscheinend viele Leser die Figuren lieber selber vor. Darin liegt für sie der Reiz des Romans, das regt ihre Phantasie an! Sich meine Figuren vorstellen, also wirklich! Sie mit Merkmalen ausstatten, die mir völlig unbekannt sind oder sogar unvereinbar mit der von mir gegebenen Beschreibung! Aus Christie einen Blonden machen, obwohl ich ihn vielleicht dunkelhaarig möchte, nur mal so als Beispiel, ein Mädchen, wo ich doch gezeigt habe, dass er ein Mann ist? Welcher Schriftsteller vermag mit der Phantasie des Lesers zu konkurrieren!

Christie ist deshalb von durchschnittlicher Gestalt,

Größe, Leibesfülle, Statur und Hautfarbe. Formen Sie ihn ganz so, wie Sie möchten: wahrscheinlich nach Ihrem Ebenbild. Speziell was Warzen und Leberflecke betrifft, haben Sie absolut freie Hand; vorausgesetzt, er hat von beidem wenigstens ein Exemplar. Und seine Motive sind auch nicht wichtig. Vor allem nicht für uns, obwohl es natürlich auch da die üblichen Hinweise geben wird. Wir befassen uns mit seinen Taten. Ein Mann lässt sich durch seine Taten definieren, wie Sie sich erinnern werden. Wir können natürlich über seine Motive spekulieren; er kann das ebenfalls tun. Wir können genauso gut auch über den Gewinner des dreifünfzehn beim nächsten Rennen in Market Rasen spekulieren.

Aber Christies Freundin! Sie werde ich mit Vergnügen beschreiben! Na los, komm schon, wie heißt du, sag uns deinen Namen. Der findet sich schon, wie alles Übrige. Versuch's. Wo arbeitet sie?

Sagen wir mal, in einer Schlachterei.

Dann könnte sie die Neuntöterin heißen. Das wird einigen zu offensichtlich sein und anderen zu obskur.

Ah.

KAPITEL VII

Die zwei Regeln der Neuntöterin; und mehr Bemerkenswertes

»Jedem Debet muss ein Kredit entsprechen«, erklärte Christie. »Vielleicht muss jedem Übel etwas Gutes entsprechen. Eine Erweiterung könnte Moralische Doppelte Buchführung heißen. Indem wir diese Rindsrouladen essen, was sehr gut für uns ist, hindern wir gleichzeitig jemand anders daran, sie zu essen; was fraglos schlecht für ihn ist.«

»Wir hatten heute Rindsrouladen übrig«, sagte die Neuntöterin, »darum essen wir sie jetzt.«

»Nicht in Cawnpore«, sagte Christie.

»Was?«, sagte die Neuntöterin. »Mr. Cameron hat auch welche mit nach Hause genommen, wir hatten so viele übrig.«

»Hat er sie bezahlt?«, fragte Christie.

»Nein, natürlich nicht. Es ist sein Laden«, sagte die Neuntöterin ohne Aggression.

»Das ist eine zusätzliche Komplikation«, sagte Christie. »Wen debitieren wir? Und wen kreditieren wir?«

»Das weiß der liebe Christ«, sagte die Neuntöterin.

»Ich weiß es auch nicht mit Bestimmtheit«, sagte Christie.

So lautet Heisenbergs Unbestimmtheitsprinzip:

Die genaue Messung einer beobachtbaren Größe erzeugt notwendig eine Unbestimmtheit in der Kenntnis der Werte anderer beobachtbarer Größen.

»Ich glaube, mit den Rindsrouladen wird er bald aufhören«, sagte die Neuntöterin, »die scheinen nicht mehr sehr gefragt zu sein. Nur die alten Leute kaufen sie noch. Die Hausfrauen wissen überhaupt nicht, was Rindsrouladen sind.«

»Warum auch?«, sagte Christie. »Debet Rindsrouladen, Kredit Hausfrauen.«

»Kannst du denn deine Arbeit nicht in der Arbeit lassen?«, sagte die Neuntöterin sanft.

Christie hätte sie beinahe gefragt, worin denn seine Arbeit bestand; aber er merkte, dass er zu weit gehen könnte: Keiner durfte etwas von seiner Tollen Idee wissen, nicht einmal die Neuntöterin.

Die Neuntöterin war ein nettes, warmherziges, etwa neunundzwanzig Jahre altes Mädchen, das Christie an dem Abend, nachdem er seine Rechnung aufgemacht hatte, im Hammersmith Palais (das wegen des Gastspiels der Original Dixieland Jazz Band verehrt wurde) kennen gelernt hatte. Die Neuntöterin hatte bei der Damenwahl Christie aufgefordert, und damit war die Sache gelaufen. Christie hatte sich nicht abgeneigt gezeigt, denn die Neuntöterin war prima, das Wort prima passte prima auf die Neuntöterin. Christie wusste bald, dass die Neuntöterin ein altes Muttchen hatte, das oben in Islington wohnte, dass sie nicht auf der Suche nach einem Ehemann war, so wie alle anderen Mädchen, dass sie eine eigene bescheidene Wohnung in Book Green hatte, un weit der herrlichen Firma Lyons (Tapper's Widerpart), und dass sie Christie sehr gern wieder sehen würde, wenn es ihm recht sei, sie wolle sich ja nicht aufdrängen, aber ihr gefalle nun eben mal sein durchschnittlich nettes Gesicht und die Art, wie er sich kleide, und die Art, wie er sie beim Tanzen anständig hielt, und schließlich sei dies ja eine Damenwahl, oder?

»Ja«, hatte Christie ganz generell zu allem gesagt und gedacht, dass er sich, bei befriedigender Stabilisierung seiner sexuellen Vereinbarungen, umso gründlicher auf seine Tolle Idee konzentrieren konnte. Und so war es denn auch: In diesem Roman geschieht nichts zufällig. Oder fast nichts.

Die oben erwähnten Rindsrouladen gab es bei Christies zweitem Besuch in der Wohnung der Neuntöterin. Der erste hatte nach der Begegnung im Palais stattgefunden, und die Neuntöterin hatte unmissverständlich zu verstehen gegeben, dass sie beim ersten Mal (und im gleichen Atemzug ein zweites angeregt) keinen ließ: Es war eine ihrer kleinen Regeln.

Als Christie also nach dem Essen bei diesem zweiten Mal seiner angemessenen Dankbarkeit für die bereitgestellte Beköstigung Ausdruck verliehen hatte, fragte ihn die Neuntöterin, ob er nicht Lust habe, sich auf das in Maßen elegante Sofa zu lagern, das mit dazu beitrug, ihr Wohnzimmer zu füllen. Christie hatte allerdings Lust dazu, und folglich brachte die Neuntöterin ihren Kobold-Staubsauger, ein zwar altes, doch erst kürzlich überholtes Modell mit einer ausgezeichneten Saugwirkung am Stutzen. Die Neuntöterin zog Christie aus, Stück um Stück, während sie ihn gleichzeitig gründlich mit dem Kobold bearbeitete, wobei sie sowohl die ganze Kollektion des Zubehörs wie auch nur das Ende des Schlauches oder Rohrs zur Anwendung brachte. Christie war entzückt: Er hatte rasch eine Ejakulation, und nach etwa zwanzig Minuten kam die zweite. Er war erst achtzehn. Dann zog die Neuntöterin ihre Kleider aus, ganz ungeniert und selbstverständlich, und tanzte ungekünstelt, doch unendlich verführerisch, für Christie, extra für ihn, ausschließlich für ihn. Dieser spontane Tanz brachte sie im Verlauf von etwa fünfzehn Minuten immer näher zu Christie, bis er schließlich mit höchst wohltuenden Resultaten für sie beide auf ihm stattfand: Und während ihnen die Zeit aufs Angenehmste verging, durften sich Christie und die Neuntöterin beinahe gleichzeitiger Orgasmen von unvergesslichem Ausmaß und unvergesslicher Intensität erfreuen.

Hier darf der Leser seine Phantasie nun einmal üben!

Danach lagen sie beide lange Zeit auf dem Sofa, vereint nur im Körper, ihre Gedanken entfernten sich in verschiedene Richtungen.

Die Neuntöterin probte im Geist, wie sie sich aller anderen romantischen und sexuellen Verpflichtungen entledigte, um ihre volle Aufmerksamkeit Christie widmen zu können. Sie war eine gute Geschäftsführerin, die Neuntöterin, obwohl sie nur das Gehalt einer Verkäuferin bekam.

Christie erwog die Anwendung der Doppelten Buchführung auf sexuelles Vergnügen. Er besaß, so wurde ihm bald klar, nur ein Instrument zum Eindringen: Die Neuntöterin hingegen besaß wie die meisten Frauen wenigstens drei Stellen, wo ein Eindringen möglich war.

Christie spielte die Möglichkeiten im Kopf durch und trug sie dann der Neuntöterin vor. Es gereicht ihr zur Ehre, dass sie ihn daraufhin nicht wie jemanden behandelte, in dem das Tier erwacht war. Zwei gingen von ihr aus in Ordnung, aber die dritte gehörte nur ihr, und deren Unberührtheit bewahrte sie hartnäckig. Es war ihre zweite kleine Regel: Die letzte kommt noch.

Christie hatte schon frühzeitig ein Gebiet entdeckt, wo der Codex der Doppelten Buchführung nicht funktionierte.

Sie war ein richtiges Mädchen, die Neuntöterin, sie hatte Haare in den Achselhöhlen.

KAPITEL VIII

Christie und die Nussdamen, unter anderem

... die schlechte Angewohnheit, Unrecht stumm zu leiden ...

Brecht

Christie wieder im Büro, nächster Tag. Gestern Skaterlose Stille, heute ein Brief von Skaters Anwälten, nicht von Skater. Christie gab ihn direkt an Wischer weiter: nicht ohne Überlegung.

Christie überlegte etwa Folgendes: *Es geht also weiter, oder? Ich habe die Situation verschärft, mein Kredit wird zu hoch, wenn ich nicht aufpasse, werde ich bei Tapper's Schulden haben, ich werde mein Konto überziehen …*

Aber da ist ja noch alles andere, was mir Tapper's angetan hat, angefangen mit dem Gehalt, das sie mir zahlen, erbärmlich wenig, erbärmlich. Das muss ich in Ruhe noch einmal richtig überdenken, begründen …

Als Wischer den Brief nahm, verkrampfte er sich etwas, verscheuchte Christie mit der anderen Hand. Es gab kein Anzeichen dafür, dass er wusste, dass Christie den früheren Brief beseitigt hatte: wie wäre das auch möglich gewesen? Doch Christie hegte trotzdem Bedenken. Er wusste, dass sie nicht beweisen konnten, dass er ihn an sich genommen hatte: aber er selbst wusste es. Er empfand auch leise Enttäuschung darüber, dass sie nicht wussten, dass er es wusste. Er würde sein Kredit mehr genossen haben, wenn er gewusst hätte, dass sie es wussten. Eventuell.

Etwa gegen elf wurde Christie von Wischer hinüber in die Lohnabteilung geschickt, wo er für den Rest des Tages oder so lange, wie sie ihn dort brauchten, was immer sich eben als kürzer erweisen würde, eine Lücke füllen sollte. Parsons von der Lohnabteilung lag mit einer Kopfgrippe, Triefnase und geschwollenen Mandeln im Bett; eine bedauerliche, ernste Angelegenheit. Christie sollte während Parsons' Abwesenheit schwere Kassetten mit Lohntüten (es war Zahltag) durch verschiedene Abteilungen der Fabrik und der Bäckerei tragen. Mit von der Partie und zuständig für die Auszahlung, Führung, Belehrung und Unterhaltung war Headlam, von seinen Freunden in der Schule Bedlam genannt, das ist jetzt kein Witz.

»Was treiben die da eigentlich in der Nussknackerei?«, erkundigte sich Christie. »Das frage ich mich nämlich schon tagelang, seit ich den Namen auf der hausinternen Telefonliste entdeckt habe.«

»Sie sind zu acht«, erwiderte der leutselige Headlam, »plus eine Vorarbeiterin. Du wirst es ja sehen. Die Vorarbeiterin sitzt an einem Tischchen in der Mitte des Raums und schlägt mit ihrem kleinen Nusshammer auf eine Nuss.

Dann krabbeln die anderen acht auf dem Fußboden herum und suchen nach dem Kern.«

Als sie zur Nussknackerei kamen, saßen dort wirklich neun Damen, aber alle verfügten über irgendeine Art von Nusszertrümmerer, und alle hatten vor sich auf ihrem eigenen Tisch verschiedene Nusssorten liegen. Als die Lohnboten eintraten, brandete Jubel auf, teils ironisch, teils erleichtert, teils sexuell herausfordernd. Christies

Gegenwart sorgte für ziemliche Aufregung, und eine der Damen warf abgezirkelt eine Haselnuss, die erst noch auf seine Kassette prallte, bevor sie seinem durchschnittlichen Zwerchfell einen Schlag verpasste.

»Aber meine Nussdamen, meine Nussdamen, bitte!«, rief Headlam. »Mr. Parsons ist diese Wochen wegen der obligaten Leistenzerrung nicht spielfähig, er wird vertreten von unserem jungen Mr. Christie Malry, der hiermit sein Heimdebüt gibt!«

Die Nussdamen machten ooh! und aah!, und zwei äußerten sich kritisch über die vermutliche Größe von Christies Unerwähnbaren. Sie scharten sich um ihn, als Headlam den Schlüssel zückte, um die Kassette zu öffnen, die Christie um den Hals hing, aber die Vorarbeiterin scheuchte sie in eine Reihe, und eine nach der anderen nahmen sie mit einer Hand die dargebotene Tüte und grapschten mit der anderen unter der Kassette nach Christies Obenunerwähnbaren. Christie kreischte bei den ersten beiden, und dann entging er den Übrigen, indem er den Hals beugte und die schwere Kassette jeden Unterarm niederhebeln ließ. Die Nussdamen verübelten es ihm nicht, keine von ihnen war unter fünfzig.

Die Vorarbeiterin bekam als Letzte ihre Lohntüte, dann nahm sie Headlam für ein vertrauliches Gespräch beiseite: und etwas wechselte den Besitzer, eine von Headlams Jacketttaschen beulte sich aus. Christie bekam auch eine Nuss angeboten, von einer koketten Vierundfünfzigerin, er errötete, nahm an, und als sie gingen, brandete wieder Jubel auf.

»Jede Abteilung hat da so ihre Spezialität«, avisierte Headlam, »keine gleicht der anderen.«

Von den ebenerdigen Nussdamen ging es dann zu den unterirdischen Heizern, die die Öfen beschickten und für den Strom sorgten, damit Tapper's mit seinem Gesamtumsatz an der Spitze der Lebensmittellieferanten blieb. Hier ein ganz anderer Empfang, Bestätigung: Die Heizer waren gebändigt, wandten sich nicht von ihrer harten Arbeit ab. Der Lärm war so groß, dass er einen körperlich bedrängte. Headlam ging voraus, vorbei an einem großen Dampfkessel, dann an noch einem, bis zu einem kleinen Büro, das sich in einer Ecke befand und aus stählernen Trennwänden gebildet wurde. Drinnen war der Lärm etwas weniger spürbar. Der Vorarbeiter nickte Headlam zu, ignorierte Christie und griff alle Lohntüten seiner Abteilung mit großer Hand heraus. Er begleitete sie ein Stück zurück, blieb stehen und rief einen Heizer zu sich, der wegen der Gehaltsabzüge in der vergangenen Woche eine Frage hatte, die Headlam höflich und gewandt klärte. Christie hatte es satt, während des Wartens die schwere Kassette zu tragen, und er sah sich nach einem Ort um, wo er sie einen Moment abstellen konnte. An der Wand waren einige große stählerne Kabel- und Anschlusskästen angebracht, und Christie ging darauf zu, um auf diesen praktischen Simsen das Gewicht abzusetzen. Er stand eben im Begriff, dies zu tun, da rief ihm der Vorarbeiter schneidend zu:

»Vorsicht, Junge, sonst geht bei Tapper's gar nichts mehr!«

Christie wich zurück, als hätten die Kästen externe und lebendige Stecker besessen, die sie jetzt nach ihm ausstrecken wollten, um ihn per Stromschlag zu töten. Dabei kam ihm der Gedanke, dass, sollte Tapper's ihn jemals hinreichend debetieren, er jetzt über das Wissen verfügte (wenn auch noch nicht über die Mittel), um ein massives Kredit eintreiben zu können.

Und während er und Headlam ihre lohnende Pilgerfahrt durch Tapper's Speiseimperium machten, begriff Christie zusehends, welche Gelegenheit er da geboten bekam: eine Führung durch die feindlichen Abwehrstellungen, eine Chance zur Erkennung von Schwachpunkten und Stärken, anfälligen Vorposten und Schlüsselschanzen, Frontausbuchtungen und Brückenköpfen und was derlei Kriegsspielausdrücke mehr sind. War dies ein Krieg? War dies ein Spiel?

Nach der Geschenkartikel-, der Fondant- und der Wartungsabteilung mussten Headlam und Christie zurück in die Lohnabteilung, um eine neue Kassette zu holen. Die erste brachten sie ins Kellergeschoss (Headlam hatte eine Gewicht/Last-Route ausgearbeitet, von der er behauptete, sie sei sowohl ökonomisch wie ergonomisch die denkbar vernünftigste), wo vier große Maschinen relativ langsam dröhnten DOOM, DOOM, DOOM, DOOM, so wie die Schiffsmotoren in dem MacNeice-Gedicht. Christie sah, dass die Maschinen aus einer Zentralwelle bestanden, die zwei gegenüberliegende und in Rührstangen endende Pleuelstangen exzentrisch antrieb. Jede Rührstange manschte eine schlammigbraune, klebrige Flüssigkeit: Christie erkannte an der Farbe, dass es auf der einen Seite Milchschokolade und auf der anderen zartbittere Schokolade sein musste.

Ein dickbäuchiger Vorarbeiter schwoll ihnen entgegen:

»Hallo, DOOM, wer's DOOM das DOOM denn, DOOM Head DOOM lam DOOM?«

»Mr. DOOM Malry DOOM Tiny DOOM Mr. DOOM Parsons DOOM ist DOOM …«

Das reicht jetzt aber wirklich. Ergeben wir uns erleichtert der *oratio obliqua.*

Nach den Förmlichkeiten erklärte Tiny Christie, dass sich jede Schokolade zwei Tage lang in diesen Maschinen durchschlagen lassen musste, um als extrafein zu gelten: Tag und Nacht, DOOM DOOM!, so machten seine vergötterten Maschinen hier in ihrem Kellergeschoss, DOOM DOOM. Christie sah, wie professionelle Leidenschaft in Tinys Augen glänzte, als er die Prügel genoss, die die Schokoladenbäder bezogen. Und er wies auch prompt auf sein bevorzugtes, unser Tiny: das dunkelbraune Bad, und er erklärte, darin befinde sich der einzig wahre Stoff, in den übrigen sieben Milch. Als Christie merkte, dass Tiny Traurigkeit befiel, fragte er nach dem Grund und erfuhr ihn bald. Da wären die, denen es gegeben sei, zartbittere Schokolade zu mögen, sagte Tiny, die Connaisseurs, die Cognoscenti, die wahren Aristokraten; und dann gebe es den Rest, die anderen, das Schokoladen-Lumpenproletariat. Dem Achtsamen wird nicht entgangen sein, dass ich hier den Vergleich Ciaret/Burgunder vermieden habe, weil ich Letzteren ungeniert vorziehe (wenn ich mir beides leisten kann), und das Klischee *crème de la crème* wurde wegen seines peinlichen Wortspiels gleichfalls verworfen.

Tiny hielt bei diesem einen königlichen Bad ein georgianisches Viertelpintglas mit Henkel bereit, und daraus schlürfe er regelmäßig (so erzählte er ihnen) seinen geliebten Nektar, um sich zu vergewissern, ob dieser schon zur höchsten Reife gelangt sei. Ein glücklicher Mann, dachte Christie; und es kam ihm in den Sinn, dass die richtige Sorte Fremdkörper in dem Bad durchaus ein stattliches Kredit einbringen könnte.

Von dieser Abteilung folgte Headlams Route mehr oder weniger chronologisch dem Herstellungsprozess, zumindest, was die Süßwaren betraf. Die großen Bottiche und Kessel der Zuckersieder zum Beispiel hätten Christie beinahe vor Ehrfurcht erstarren lassen, und er sah, dass sich durch eine bestimmte Art von Unfall in dieser Abteilung großes Chaos, viele Verletzungen und möglicherweise hohe Verluste an Menschenleben verursachen ließen. Christie scheute jedoch vor dem Gedanken an Todesfälle zurück: Der entsprechende Posten auf der Kreditseite konnte nur, so dachte er zu diesem Zeitpunkt, sein eigener Tod sein.

Vom Standpunkt der Doppelten Buchführung aus betrachtet, war die Guss- und Verzierungsabteilung weniger interessant. Ein ganzes Stockwerk wurde in zwei ungefähr gleich große Hälften geteilt von einer Reihe senkrechter Gitter, an denen geschmolzene Schokolade herunterfloss. Durch diesen zähflüssigen Vorhang glitt ein waagrechtes Band aus Maschendraht, das kleine gegossene Formen beförderte. Auf der einen Seite des Raums wurden diese Formen, die weiche oder harte Füllung der Pralinen, in großen Tabletts mit Vertiefungen gegossen. Christie fand die Farben reizlos: Vielleicht bekommen sie deshalb einen Überzug, dachte er. Wenn die Füllungen durch den umhüllenden Schokoguss kamen, brachten Mädchen beiderseits des Fließbands die abschließende und charakteristische Verzierung an: Es wirkt hoch spezialisiert, dies kunstvolle Gestalten der weichen Umhüllung zu einer Arabeske, einer Spirale, einem Blatt – ist für die Ausführenden aber stumpfsinnig monoton, dachte Christie. Hier gab es das eine oder andere hübsche Mädchen, doch sie hatten für die Lohnboten keinen Blick übrig, weil sie befürchteten, eine Praline zu verpassen, die dann weiter unten am Band als Fehlform ausgeschieden wurde. Die Vorarbeiterin patrouillierte an den Enden der Fließbänder auf und ab, überwachte das Verladen der Tabletts auf Handwagen und überprüfte die Anzahl der Fehlformen. Sie blieb kaum stehen, um die Lohntüten für ihre Abteilung in Gewahrsam zu nehmen; aber sie steckte Headlam und Christie jeweils eine Tüte mit Fehlformen zu, bevor sie die beiden regelrecht wegschickte.

Sie aßen sie auf dem Weg zu den Schachtelmachern. Hier wirkte die Maschinerie sauber und irgendwie trocken, obwohl sie tadellos geölt war und eher tickerte und tackerte als donnerte. Auf dem Boden staubten Strohpappeabfälle; überall lagen Karton- und Bandreste herum, und große Pappkartonstapel füllten ein Drittel des Arbeitsraums. Es herrschte eine Atmosphäre, wie sie in einer mittelalterlichen Zunftwerkstatt geherrscht haben mochte, wunderlich und doch effektiv: Man hatte keine besseren Methoden zur Herstellung von Schachteln gefunden, deswegen wurden so ziemlich dieselben Methoden und Maschinen verwandt, wie man sie schon jahrhundertelang zum Einkerben und Abvieren und Schneiden verwandt hatte. Bei Tapper's jedenfalls.

Der Vorarbeiter der Schachtelmacher passte genau in diese Dekoration, war vielleicht sogar ihr Architekt: Er war groß, dünn, um die fünfzig, auf stille Art selbstbewusst und führte ein lockeres Regiment. Er bat die Lohnboten in sein ordentliches, kleines Büro, sprach ohne Erbitterung über Fußball, lenkte ihre Aufmerksamkeit auf die neue Nackte, die sein Kalender diesen Monat präsentierte, verlieh der Meinung Ausdruck, dass es für sie schon lohnend wäre, wieder zu kommen und noch mal einen Blick auf sie zu werfen, nächste Woche, wenn sie eventuell, falls sie daran dachten und falls es ihnen natürlich nicht zu viele Umstände bereite, das verstand sich ja von selbst, die Löhne mitbringen würden.

Christie fand den Mann hinreißend, doch einen Teil der Zeit hielt er, Christie, natürlich nach Schwachpunkten Ausschau: Papier, Karton konnte man anzünden!

Die Kassetten waren leer: Headlam und Christie gingen noch einmal zur Lohnabteilung zurück. Headlam gab Lucy, dem Mädchen am obersten Schreibtisch, ein paar Fehlformen und offerierte Stegginson, seinem Abteilungsleiter, auch welche.

»Nicht mal für Geld würde ich das Dreckszeug von dieser Firma essen!«, sagte Stegginson heftig.

»Das sagt er immer«, sagte Headlam zu Christie,

»Wie viele Ratten haben Sie denn heute gesehen«, fuhr Stegginson fort, »die bei den Bädern da unten im Keller raus- und reingehüpft sind? Ich habe mal welche gesehen, die waren so groß wie Terrier! Wie Terrier! Terrierratten mit Schokoladeüberzug, die neueste Masche, im Savoy finden die rasenden Absatz als lukullischer Hochgenuss! Die können gar nicht genug davon bekommen! Ha!«

Christie wusste nicht, ob er lachen sollte oder nicht; er wusste nicht einmal ganz genau, ob er das komisch fand oder nicht.

»So ist er immer«, sagte Lucy.

»Na bitte«, meinte Headlam. »Was hab ich gesagt?«

Stegginson verkroch sich hinter seinem Schreibtisch, halb verborgen von Stahlschränken und einem Aktenschrank.

»Weil Parsons nicht da ist«, sagte er und tauchte plötzlich wieder auf, »können Sie und Lucy nicht zusammen Mittagspause machen.«

»Okay, Lucy, möchtest du zuerst gehen?«, fragte Headlam, und Christie merkte gleich, dass zwischen ihnen mehr als nur ein Arbeitsverhältnis bestand.

»Nein«, sagte sie und lächelte, »ich mache das hier erst fertig. Geh du nur, ich gehe dann, wenn du zurückkommst.«

Also aßen Headlam und Christie im Eel and Pie Shop in der Kurve bei der Hammersmith-Überführung zu Mittag, und das auch noch sehr preiswert und nahrhaft. Headlam nahm Aal, saugte vorsichtig das anhaftende Fleisch von der lästigen Gräte und legte sie anschließend elegant beiseite. Christie hatte keine Lust auf Aal und bestellte sich stattdessen eine doppelte Pastete, eine doppelte Portion Kartoffelbrei und eine doppelte Brühe. Die dicke, mit Petersilie gewürzte Brühe machte er mit reichlich Essig schärfer und genoss die so entstandene Mischung aus dem schlichten Teig und dem darin enthaltenen schmackhaften Fleisch. Hier muss ich mit der Neuntöterin herkommen, dachte Christie, wenn es mir gefällt, gefällt es ihr bestimmt auch.

Beim Essen erzählte Headlam Christie wahre Geschichten über Tapper's. Wie die Firma in der Schweiz eine ganz besonders raffinierte Maschine zum Einwickeln von Schokoriegeln gekauft hatte, die dann in einer riesigen Packkiste angekommen war. Um sie im Kellergeschoss zu installieren, hatten die Direktoren von Tapper's gesagt: Wir werden im Fußboden vom Erdgeschoss ein großes Loch machen müssen und sie da hinunterlassen. Als sie mit unendlicher Mühe das Loch geschlagen hatten, öffneten sie die riesige Kiste und stellten fest, dass die Maschine nicht zusammengebaut verpackt worden war, sondern aus kleinen Einzelteilen bestand, die ein Mann leicht hätte die Treppe hinunter tragen können. Darüber musste Christie ziemlich lachen.

»Mit der Bäckerei haben sie es sogar noch schlauer angestellt«, sagte Headlam und meinte damit wieder die Direktoren von Tapper's, »das Gebäude ist neuer als die Fabrik. Heute Nachmittag wirst du's ja sehen. Es ist so angelegt, dass jede Abteilung ein eigenes Stockwerk hat, und die waren so sehr mit der Planung der einzelnen Etagen beschäftigt, dass sie glatt die Treppen vergessen haben.«

Headlam sah Christies Unglauben.

»Nein, wirklich«, sagte Headlam. »Die Treppen sind ihnen erst später eingefallen. Sieh dir's heute Nachmittag mal an. Die wurden einfach außen drangepappt.«

Christie fand sich damit ab, dass die Direktoren von Tapper's dumm waren: wie sind die dann bloß reich geworden?, fragte er sich. Und dann fragte er Headlam von der Lohnabteilung laut, wie hoch die Direktoren ihre Dummheit denn eigentlich vergütet bekamen.

»Ich weiß oder kann herausfinden, wie viel jeder in der Fabrik oder in der Bäckerei netto verdient«, sagte Headlam, »und die Lohnabteilung, in Gestalt der schnuckeligen Lucy, hat auch mit den Bürogehältern zu tun. Aber nur bis zur Stufe der Abteilungsleiter. Für die Direktoren ist der Hauptbuchhalter persönlich zuständig, das wird monatlich und per Banküberweisung erledigt. Und jetzt kommt etwas, das du kaum glauben wirst, Christie, von wegen Lucy und den Lohnstreifen fürs Büro. Ich gehe mit Lucy reichlich locker um, ich bumse sie in einer Tour rund um die Uhr so oft wie möglich, und das ist mehrmals pro Woche, und manchmal frage ich mich wirklich, in welcher Wohnung ich mehr Zeit verbringe, in ihrer oder in meiner, und wenn die Zeit bei Tapper's sich erfüllet hat, haben wir uns sicher das Anrecht auf eine ihrer Hochzeitstorten erworben; was heißen soll, dass ich dieses hübsche Mädchen von der Lohnabteilung liebe und ungeheuerlich intim mit ihm bin, und trotzdem, stell dir das mal vor, wenn ich aus beiläufigem Interesse von ihr wissen will, wie viel sagen wir mal die Leiterin des Schreibbüros an Einkünften bezieht, dann sagt sie es mir nicht. Würdest du das für möglich halten?«

»Da müsste ich erst mal überlegen«, sagte Christie.

»In diesem einen Punkt ist sie stur puritanisch. Es gibt da irgendeine Vorstellung von Tapper's, der gegenüber sie loyal ergeben ist. Man hat sie gekauft und damit basta. Im Übrigen, besonders was Sex angeht, ist sie absolut nicht puritanisch. Nur ihre Schweigsamkeit in dieser Angelegenheit lässt mich zweifeln, ob ich mich mit ihr auf immer verbinden soll.«

Headlam seufzte, schob seinen Teller weg, und als er sah, dass Christie auch fertig war, stand er auf und ging. Auf dem Rückweg, sie hatten noch die halbe Mittagspause vor sich, schlug er vor, gemeinsam in der Long Bar einen Drink zu nehmen. Christie fragte sich, ob das klug sei, dem Abteilungschef bei der Rückkehr eine Stoutfahne ins Gesicht wehen zu lassen: Doch dann entsann er sich, dass er ja leihweise bei der Lohnabteilung war, und dass die Belegschaft der Bäckerei in den Genuss kommen würde und nicht Wischer. Also gönnte er sich mit Headlam ein Pint Guiness, und beide lehnten an der Theke.

»Ich bin neunundzwanzig«, sagte Headlam, »und seit ich zwanzig bin, habe ich für Tapper's gearbeitet. In dieser Zeit hat mein Gehalt mal gerade so eben mit den Lebenshaltungskosten Schritt gehalten. Bei mir rührt sich nichts mehr, außer wenn ich mit der schönen Lucy zusammen bin. Wenn Stegginson morgen tot umfallen würde, dann hätte ich Aussichten auf seinen Job. Den könnte ich absolut mühelos erledigen. Das kann er auch. Wenn er in Pension geht, bin ich siebenundvierzig. Falls ich bleibe, falls ich es noch erlebe. So gefällt es mir, ich bin glücklich, ich habe alles, was ich möchte.«

Sobald Headlam und Christie in die Lohnabteilung zurückkamen, griff Stegginson zum Telefon, sprach kurz hinein und nickte ihnen dann zu. Headlam erklärte, dass einer der Direktoren eines Tages von seinem luftigen Platz aus ein paar Männer gesehen hatte, die vielleicht in böser Absicht, vielleicht aber auch nicht, draußen vor Tapper's herumgelungert hatten. Sie hätten sich, wenn sie gewollt hätten, an die Lohnboten heranmachen können, als diese die beschwerliche Strecke zwischen der Fabrik und der Bäckerei zurücklegten, und einige, wenn nicht alle, Lohntüten an sich bringen können, wieder vorausgesetzt, sie hätten diese Absicht gehegt. Bislang hatten weder Männer noch Frauen diese

Absicht gehegt, aber die angeborene Vorsicht der Direktoren hatte von da an diktiert, dass die Lohnboten die rund siebzig Meter von der Fabrik zur Bäckerei in einem sicher verschlossenen Kraftfahrzeug zurücklegten, das die Transportabteilung zur Verfügung stellte. Eben dieses hatte Stegginson gerade angefordert. Christie fragte sich, warum die Fabrik und die Bäckerei nicht intern miteinander verbunden waren, aber nach dem, was ihm Headlam über die Treppen der Bäckerei erzählt hatte, glaubte er, die Antwort auf jede mögliche Frage seinerseits erraten zu können, und schenkte sie sich deshalb.

Nach der großen Vielfalt der Fabrik wirkte die Bäckerei auf Christie natürlich anders. Den meisten Platz im Erdgeschoss und ersten Stock beanspruchten mächtige, lang gestreckte Öfen mit gusseisernen Türen wie Schiffsheizkessel. Die Männer trugen hohe Kochmützen, und die Frauen trugen weiße viereckige Hauben aus Musselin, die dafür sorgten, dass ihnen die Haare nicht ins Gesicht und in die Kuchen fielen. Sie stellten sich alle still für ihren Lohn an, einige stolz. Christie merkte sich, wo die Schalter waren, die Hitzeregler für die klotzigen Öfen.

In den zwei darüber liegenden Stockwerken wurden die Mischungen zubereitet, mit denen diese Öfen beschickt wurden. Zwei Frauen schienen ausschließlich damit beschäftigt, Zitronen zu halbieren und auszupressen. Sie waren unglaublich geschickt, pressten jede Zitronenhälfte mit einer einzigen stoßenden Drehbewegung auf einer glockenförmigen Metallform aus. Anderswo stampften große, rostfreie Stahlrührwerke exzentrisch und endlos Teig und Backmischungen in separaten Trögen auf Laufrollen.

Christie sah nichts, was so unhygienisch oder dreckig war, um Stegginsons Ausbruch zu erklären. Das Obergeschoss der Bäckerei vermittelte sogar einen Eindruck, der in sich die Reinlichkeit eines Laboratoriums und die stille Weihe eines Künstlerateliers vereinigte. Hier befand sich die Hochzeitstorten- und Spezialitätenabteilung, hier waren die Bildhauer mit der Zuckergussspritze; hier konnte man einen siebenschichtigen Turm für ein Bankett des Oberbürgermeisters herstellen oder eine genaue Verkleinerung des Bühnenbilds vom dritten Akt, um das erste Jahr einer erfolgreichen Spielzeit im Westend zu feiern, und Weihnachtskuchen, die an Dickens' Exzesse erinnerten. Ah. Hier hatten sie sogar noch andere Kopfbedeckungen, Männer wie Frauen trugen eine weißleinene Variante einer Rembrandtmütze, um zu zeigen, dass sie unzweifelhaft Künstler waren. Dies bestätigte auch ihr Verhalten, das sichtlich salopp und achtlos war und nicht wie das der anderen Arbeiter unten angestrengt und hektisch.

Headlam schob sich zwischen ihnen durch, begrüßte die meisten mit Namen, respektvoll und freundlich. Viele der Konditoren blickten von ihrer fesselnden Arbeit kaum auf, so offenkundig egal waren ihnen ihre Lohntüten. Eine dicke, plumpe Dame um die fünfundvierzig ließ sich jedoch von Headlams körperlichen Aufmerksamkeiten verlocken, ihre intensive Beschäftigung zu unterbrechen; er legte den Arm um sie, knuddelte sie, nahm dann ihre warme, eisweiße Hand und drückte ihr den Wochenlohn hinein, wobei er sagte:

»Wie geht es dir, Flossie, meine Liebe, mein einziger Schatz? Christie, das ist Flossie, die den herrlichen Hochzeitskuchen für meine himmlisch glückliche Lucy mit Zuckerguss gestalten wird, sobald sie Anspruch auf einen hat. Du weißt ja, was es sein soll, nicht wahr, Schätzchen?«

»Erinnere mich doch noch mal daran«, sagte Flossie, »was darf's denn diese Woche sein, mein Schatz?«

»Ein aufgerichteter Schwanz, meine Liebe«, sagte Headlam, »und gekreuzte Klöten, in heraldischem Rot, auf einem stürmischen Meer von Schamhaaren, in heraldischem Silber. Was passt sonst zu einer Hochzeit?«

Flossie schwenkte den Daumen, deutete auf einen Warenschrank mit Glasfront.

»Hufeisen«, sagte sie, »und Braut-und-Bräutigam-Hand-in-Hand, Glocken, Pfarrer, Kirchen in diversen Architekturstilen, alte Stiefel, Blechdosen, Herzen, Herzen und noch mal Herzen.«

»Nicht gerade künstlerisch«, sagte Headlam.

»Dann sollst du ihn kriegen«, sagte Flossie.

»Wann?«, sagte Headlam.

»Aha!«, sagte Flossie.

Headlam küsste sie auf die Backe und schob Christie dann in Richtung Büro des Vorarbeiters der Konditoren und sagte unterwegs:

»In fünf Monaten ist meine Lucy drei Jahre hier, und das heißt, dass sie bei ihrer Heirat Anspruch auf einen Hochzeitskuchen hat, gratis mit den Glückwünschen von Tapper's Direktoren. Dann gibt es Druck, mein Junge, dann ist der Augenblick der Wahrheit über den Nettoverdienst des Bürovorstehers für uns da!«

Das Büro des Vorarbeiters der Konditoren auf diesem Stockwerk war mit Teppichen ausgelegt, ruhig, ungemein luxuriös, doch mit einem funktionalen Aspekt, der eher an die Kapitänskajüte auf einem Vergnügungsdampfer erinnerte. Headlam versank in einem enormen Lederpuff, Christie setzte sich in eine Sofaecke, und der Aufseher versorgte sie beide mit selbst gemixten, starken, kalten Cocktails, die er in Gläsern mit Zuckerrand servierte. Dann erörterten er und Headlam mit ernster, gedämpfter Stimme die Lage auf dem Aktienmarkt.

Nach etwa zehn Minuten klingelte das Telefon. Der Vorarbeiter der Konditoren nahm ab, und Christie hörte am anderen Ende Stegginson absichtlich so laut fragen, dass man es mithören konnte:

»Ist dieser Scheißkerl Headlam schon bei Ihnen eingetroffen, Alan?«

»Bisher keine Spur von ihm, George«, sagte der Vorarbeiter der Konditoren rituell, »soll ich ihm etwas ausrichten?«

»Seien Sie doch so nett, Alan, und sagen Sie ihm, dass ich ihm einen Seemannsknoten in den Schwanz mache, wenn er hier wieder auftaucht.«

»Okay, George«, sagte der Vorarbeiter der Konditoren, legte dann den Hörer auf und setzte seine Unterhaltung mit Headlam fort, als sei nichts geschehen.

Christie gefiel das alles ungemein! Ihm kam der Gedanke, dass Tapper's ein Mikrokosmos sein könnte. Von den Fenstern dieser obersten Etage konnte er den Roumieu-Gough-Seddon-Turm der St. Pauls Parish Church sehen, die vier vergoldeten Kreuzblumen der Hammersmith Bridge und die subtile Biegung der Überführung. Und weiter abseits Manbré & Gartons Zuckerraffinerie.

Mit dem nächsten Cocktail in der Hand war alles so angenehm, dass Christie für einen Moment vergaß, nach Möglichkeiten Ausschau zu halten, wie sich eventuell zukünftige Kreditposten schaffen ließen. Nein, diese Korruptheit. Also wappnete er sich, Gespräch und Aussicht zu ignorieren, und er blickte sich kalt um. Eine Möglichkeit hatte er ziemlich rasch gefunden: An der Wand draußen vor dem Büro hingen einige Feuerlöscher, die nach der Trockenpulver-Methode funktionierten. Wenn man einen davon willkürlich in dieser weißen Zuckergussumgebung losgehen ließ, so überlegte Christie, dann würde nach den diversen Lebensmittel- und Drogengesetzen hier einiges praktisch ungenießbar sein! Und erfreut darüber, seine Pflicht erfüllt zu haben, lehnte sich Christie zurück, um seinen dritten Cocktail, seinen zweiten und gründlicheren Rundblick zu genießen.

Dann läutete wieder das Telefon, und Stegginson wurde an beiden Enden laut.

»Ah!«, log der Vorarbeiter der Konditoren. »Gerade sind sie eingetrudelt!«

»Lügner«, sagte Stegginson, »geben Sie ihn mir.«

Headlam leerte seinen Drink, füllte sein Glas aus dem Shaker nach und tat noch ein paar Eiswürfel extra hinein. Er nahm den Hörer, und bevor er sich meldete, schluckte er vernehmlich, ließ die Eisstückchen im Glas so dicht wie möglich an der Sprechmuschel klirren und rülpste dann gerade so laut, dass man es hören konnte.

»Headlam!«, brüllte Stegginson, »ich weiß, was Sie da treiben!«

»Nein, das wissen Sie nicht«, sagte Headlam und kratzte sich mit dem ausgestreckten Zeigefinger der Hand, die das Glas hielt, im Schritt.

»Headlam, Sie Scheißkerl! Ich gebe Ihnen zehn Minuten Zeit, um wieder hier zu erscheinen, zehn Minuten!«

»Wenn Sie die Tour durch die Bäckerei schneller erledigt haben wollen, Sie alter Bock, dann kommandieren Sie sich doch selber dazu ab!«, sagte Headlam und ließ wieder das Eis in seinem Glas klirren.

»Ich mache Ihnen einen doppelten Seemannsknoten rein, Sie Scheißkerl, Sie!«

»Dazu braucht man, glaube ich, zwei Enden«, sagte Headlam, rülpste wieder, aber diesmal lauter, und legte auf.

»Vielleicht nimmt er deinen mit dazu, für den Seemannsknoten«, sagte er zu Christie, als er zu seinem Puff zurückging. »Wie ist das neue Mädchen, Alan? Sie muss schon was Besonderes sein, sonst hättest du sie nicht zwei Stufen über der Grundausbildung anfangen lassen.«

»Frisch aus der Konditorschule«, sagte Alan, »technisch eine Jungfrau, aber schon eine Virtuosin mit der Spritze, kaum zu glauben, was?«

Christie dachte darüber nach.

Und so ging es noch eine halbe Stunde weiter. Schließlich hievte sich Headlam seitlich vom Puff auf den Boden, kauerte dort einen Moment und sprang dann auf.

»Los!«, sagte er zu Christie, »sonst wird Stegginson sauer. Mach's gut, Alan.«

Stegginson blieb stumm und unsichtbar hinter seiner Deckung, als sie in die Lohnabteilung zurückkehrten.

»So ist er immer«, sagte Headlam. »Schuldgefühle.«
Schuldgefühle? Und Christie machte sich so seine Gedanken.

KAPITEL IX

Ein eingelöstes Versprechen und Christies frühe Jahre; ein misslungenes Kapitel

Hier ist die Geschichte, die Ihnen auf Seite 40 versprochen wurde, so wie sie Christie auf dem wohlgeformten Knie seiner katholischen Mutter erzählt bekam:

Es scheint immer schon ein Gott existiert zu haben, oder es mag auch sein, dass Er Sich Selbst erschaffen hat. Außer Zweifel steht jedoch, dass Er behauptet, etwas erschaffen zu haben, das Er die Welt nennt, doch im Zusammenhang muss diese so ausgedehnt vorgestellt werden, dass sie auch das Universum oder die Universen mit umfasst. In diese Welt stellt Er verschiedene Geschöpfe, die im Großen und Ganzen voneinander abhängig sind, obwohl in den Frühstadien ein gewisses Gerangel um günstige Ausgangspositionen ganz unverkennbar ist. Zu diesen Geschöpfen gehören Mann und (kurz darauf) Frau. Gott gibt diesem Paar, bekannt als Adam und Eva, etwas, das freier Wille genannt wird, was bedeutet, dass sie tun können, was ihnen gefällt. Tun sie jedoch etwas, das Gott nicht gefällt, dann kriegen sie Dresche.

Es ist bei weitem nicht klar, was Gott gefällt und was nicht. Das Erste, was Adam und Eva tun, gefällt Gott nicht. Es zeigt sich, dass Gott wusste, dass es so kommen würde, weil Er allwissend ist. Es stellt sich ebenfalls heraus, dass Er es auch hätte verhindern können, weil Er allmächtig ist. Adam und Eva sind natürlich ziemlich baff über das, was ihnen da passiert, nehmen ihre Prügel aber bereitwillig hin. Sie bekommen sogar noch drei Söhne. Das war's dann, denken Sie jetzt bestimmt, die Familie muss aussterben. Aber nein, Gott hat Sich nach und nach alles zurechtgemacht, so wie eine gewisse Sorte Romanciers, und Er enthüllt auch prompt die Existenz einiger Stämme, die Frauen haben, mit denen zwei der Söhne (einer ist frühzeitig umgebracht worden) sich paaren und das beharrlich weiterverfolgen können, was sie für Gottes Weltplan halten ... aber mein Lektor bei Collins meint, so etwas sei alles schon mal gemacht worden und außerdem zu einer Zeit, wo es noch einen Sinn hatte. Bestimmt war Rayners Nacherzählung besser.

Mir kommt es darauf an, dass Christie, als er die Geschichte zum ersten Mal hörte, stammelte:

»Ich glaube es! Ich glaube alles!«

Wie wir es im Alter von zwei Jahren alle tun.

Man sollte doch annehmen, dass angesichts derlei Lügenmärchen jeder unmoralische Zug in Christies Charakterentwicklung ganz leicht zu erklären sei. Aber mitnichten, denn fast seine ganze Generation (und allerdings jede Generation in England) war dem in ähnlicher Weise ausgesetzt, und offenkundig hatte keiner davon Christies Tolle Idee. Wir müssen deshalb über diese Geschichte und über den Bericht hinausgehen, den uns Christies Mutter vor ihrem Abgang gegeben hat.

Vom sechsten bis zum neunten Lebensjahr, das haben Sie schon erfahren, wohnte Christie in der Nähe einer Eisenbahnlinie. Wie Sie erst jetzt erfahren, war dies in Tiptree, Essex. Von der Geburt bis zu seinem sechsten Lebensjahr wohnte er mit seiner Mutter in einem umgebauten Eisenbahn-(ah! bereits eine zweifelsohne bedeutsame Verbindung!)-waggon am Rand der Salzwerke von Maldon, ebenfalls in Essex. In seinem neunten Lebensjahr zog die fest zusammengewachsene Familie in die Metropole, sie witterte Aufregung, Woolworth und die British Home Stores in der King Street, Hammersmith. Mit zehn war Christie also schon ein rechter Globetrotter!

Sie sind garantiert gespannt auf Christies Vater. Ich auch.

Christie besuchte eine höhere Schule in Hammersmith. Bernie Berkovitch war sein bester Freund. Wenn ich erwachsen bin, hatte Bernie Christie erzählt, werde ich Vertreter für Damenunterwäsche. Als er erwachsen war, wurde Bernie Schlagzeuger in einer irischen Showband und erlebte, wie seine Freundin bei einem Autounfall ums Leben kam. Danach verlor Christie den Kontakt mit Bernie, wie Sie sich ja denken können. Für solche Sachen waren sie noch reichlich jung.

In den Fußboden der Schulaula war eine Windrose eingelassen, sie war aus Messing gefertigt und maß von Nord nach Süd drei Meter. Weil sich die Parkettbrettchen rascher abnutzten als das Messing, traten die Buchstaben und Striche jedes Jahr etwas stolzer hervor; zu Christies Schulzeit taten sie dies in einem Maße, dass dadurch jedes Trimester mehrere Unfälle verursacht wurden. Der Direktor unternahm nichts, um Abhilfe zu schaffen; er behauptete, das Objekt sei antik und verursache sowieso keine Unfälle, dies täten ausschließlich die Kinder, die dagegenrennen würden. Christie selber stürzte drei Mal darüber, beim zweiten Mal verletzte er sich am linken Knie so schlimm, dass sein Bein auf Dauer verkrümmt und missgebildet blieb.

Auch anderes hinterließ Spuren, andere.

Piggy Webb, der Lehrer für Holzarbeiten, kochte sein Mittagessen auf dem für den Leimtiegel bestimmten Gasbrenner und bewarf Unaufmerksame mit Meißeln. Mr. Tripp, das walisische Wunder, wetterte in jeder Geschichtsstunde gegen die Gerissenheit der Engländer. Mecca, der Lehrer für Leibeserziehung, ließ sie am Elterntag alle in Dreiecksformation antreten, er selbst an der Spitze, und sich mit gebeugten Knien und hoch gestreckten Armen in einstudiertem Unisono begrüßen ... Ich höre gleich damit auf: In der Vergangenheit und im Milieu einer Person kann sowohl alles wie nichts bedeutsam sein.

Physisch gesehen, hatte Christie als Jugendlicher nicht mehr Pickel und Makel, als ihm billigerweise zustanden: ist das bedeutsam?

Ja.

Nein.

Oh, ich könnte noch seitenweise über Christies frühe Jahre schreiben, erfinden und beobachten, erinnern und entlehnen. Aber wozu? Alles ist Chaos und unerklärbar. Diese Dinge sind passiert. Er ist, wie er ist, Sie sind, wie Sie sind. Richten Sie sich danach: alles ist Chaos. Das Ende naht, wahrhaftig. Der Versuch, irgendetwas verstehen zu wollen, ist eine vergebliche Anstrengung. Viele Leute hatten nie eine Chance, werden geschunden und was es sonst noch für Klischees gibt. Weit davon entfernt, wider den Stachel zu locken, lieben sie ihre Lage und wählen konservativ.

DIE ZWEITE ABRECHNUNG

… so sorge dafür, dass du auf jeden Fall mit ihnen immer gute Übereinstimmung im Debet und Kredit mit aller nur möglichen Klarheit hast, sowie mit den Handschriften der Schreiber dieser Stellen. Denn in diesen Ämtern pflegen die Schreiber häufig zu wechseln, von denen jeder nach seinem Gutdünken die Bücher führen will. Sie tadeln stets die früheren Schreiber, indem dass sie sagen, dass die Bücher nicht mit guter Ordnung geführt worden, und sie versuchen einen immer davon zu überzeugen, dass ihre Ordnung besser sei als die der anderen, aus welchem Grund sie dann auch bisweilen die Einträge solcher Ämter durchkreuzen, dass der eine nicht mit dem anderen zusammenstimmt.

Pacioli

CHRISTIE MALRY in Rechnung mit IHNEN | ZWEITE

DR BELÄSTIGUNG				KR ENTSCHÄDIGUNG			
4.	Mai	Übertrag	8 67	5.	Mai	Skaters Gerichtsverfahren	1 30
5.	Mai	Verbale Aggression durch Stegginson (indirekt)	0 02	5.	Mai	Vier Fehlformen	0 01
12.	Mai	Offenbarung der heiligen Lügengeschichte	60 00	31.	Mai	Christie geschuldeter Saldoübertrag auf neue Rechnung	106 61
19.	Mai	Bernie Berkovitchs Kummer (indirekt)	0 23				
31.	Mai	Verletzung am linken Knie in der Schule	4 00				
31.	Mai	Generelles Erziehungstrauma	35 00				
			107 92				107 92

KAPITEL X

Christie kodifiziert seine Tolle Idee

Christie hielt die Zeit für gekommen, einige Prinzipien (in Ermanglung eines besseren Wortes) für seine Tolle Idee zu kodifizieren. Er nahm sich ein ganzes Wochenende dafür. Dies waren die Prinzipien, die er sich überlegte:

1] Ich handele allein. Ich suche bei niemandem um Hilfe nach. Ich führe nur solche Aktionen durch, die innerhalb meiner eigenen Fähigkeiten liegen. Ich bin ein Einzeller.

2] Daraus folgt, dass ich meine Erfolge allein genieße (und mich über meine Fehlschläge allein gräme). Von beidem erzähle ich niemandem. Nicht einmal der Neuntöterin.

3] Ich habe mir selbst gegenüber die Pflicht, sowohl anzugreifen wie auch zu überleben, um erneut angreifen zu können.

4] Ich darf mich in keinster Weise von meiner Umgebung unterscheiden. Ich sollte zufrieden wirken mit dem Job, mit dem ich meinen Lebensunterhalt verdiene.

5] Ich brauche nicht mehr Geld, als ich verdiene, und sollte keine Projekte starten, die mehr Geld erfordern, als ich normalerweise habe.

6] Ich sollte mich nicht für klüger halten, als ich bin. Nach einem Großprojekt sollte ich wieder zu kleineren zurückkehren.

7] Jedes Projekt ist wichtig, und sei es noch so unbedeutend.

8] Ich greife immer an (falls ich angreife, falls ich aktiv bin), ich verteidige mich nie. Wenn ich mich verteidige, bedeutet das, dass sie wissen, dass ich da bin, um anzugreifen: Das darf nie geschehen. Wenn ich gezwungen bin, mich zu verteidigen, bin ich geliefert.

9] Mein Hauptvorteil ist, dass ihr System mich als nicht klug genug eingestuft hat, um ihnen bekannt zu sein: Um effektiv zu sein und es auch zu bleiben, muss ich dieses Unbekanntsein ebenso bewahren wie mein Leben.

10] Obwohl es so wichtig ist, dass ich von ihrem Standpunkt aus unbekannt, ein Niemand bin, muss ich mir selbst ständig bewusst sein, dass ich kein Niemand bin, sondern dass ich bin, der ich bin. Das heißt, ich muss an meiner inneren Selbstkenntnis festhalten. Wäre dies bloß eine intellektuelle und partielle Verwandlung, dann könnte ich üben, mein wahres Ich durch eine Ortsveränderung zu bewahren. Das heißt, ich könnte nach meinem eigenen Selbstverständnis ich selbst sein, indem ich dieses Ich für diesen einen Ort aufspare. Aber das kann ich nicht tun: Ich muss dieses Ich auch und immer dann sein, wenn ich draußen bin, an den verschiedensten Orten, den Stätten meiner beabsichtigten Triumphe.

11] Ich darf nicht anwesend sein, wenn eine Aktion stattfindet. Ich muss dem ganz natürlichen Wunsch widerstehen, dort zu sein, um zu sehen, wie es passiert: Ich muss weit weg sein und es wie fast alle Übrigen aus einer anderen Quelle erfahren.

12] Ich kann es mir nicht leisten, übermäßig hohe Risiken einzugehen; aber ich schöpfe Mut aus dem Umstand, dass ich gesehen habe, dass es zahllose Gelegenheiten gibt, wo die Chancen ganz unbestreitbar zu meinen Gunsten stehen.

Christie schrieb diese Prinzipien oder Überlegungen nicht auf so wie ich, denn gerade die Neuntöterin hatte Augen im Kopf.

Christie hielt es trotzdem für ein gut genutztes Wochenende.

KAPITEL XI

Christie fängt an, ernst zu machen; und (allen Modelleisenbahnliebhabern zur Freude) eine Schilderung des Kleinen Vermifugums

Das Wichtigste dabei ist es, anzufangen, und zwar im Geist großer Entschlossenheit und Kühnheit.

Handbuch des Bogenschießens im 20. Jahrhundert

Ein bisschen Action.

Auf dem Heimweg sah Christie ein Plakat, das an einer Ecke eingerissen war, zog im Vorbeigehen behutsam daran, kreditierte sich, debitierte Zigaretten, Papierhersteller, Drucker, Werbeagenturen und die Dichter, die für sie arbeiteten.

Zu Hause, als der Tag sich sozusagen neigte, griff Christie zur Luftpistole seiner verblichenen Mutter, lud sie und zertepperte bereits mit dem elften Schuss das Glas der Straßenlaterne draußen.

Anschließend griff Christie zum Telefon. Dann überlegte er es sich anders, ging hinaus auf die Mall Road und um die Ecke zum Pub und benutzte das Telefon dort. Er rief bei Scotland Yard an und sagte, er habe im Sperrsitz des Aldwych Theatre eben eine Bombe hinterlassen, deren Zünder so eingestellt sei, dass sie in fünfzehn Minuten explodieren würde. Als Nächstes das National Theatre!, dachte er.

Aber das reichte für einen Abend. Christie trank ein Glas Ale, ging nach Hause, aß frugal und besuchte dann verabredungsgemäß die Neuntöterin zwecks ein wenig Erquickung.

Sie sollten sich allerdings davor hüten, aus Obigem zu schließen, dass Christie nur ein paar kleine spitzbübische Munkeleien im Sinn hatte.

Seine Zukunft betreffend: da sah Christie ganz klar, dass er bei Tapper's bleiben und keinerlei Beförderung oder Auszeichnung anstreben sollte. Doch Wischers Abteilung bot Christie begrenzte Möglichkeiten für Kredits: Die Lohnabteilung, so hatte er gesehen, offerierte sie im Überfluss. Aber wie ließ sich seine Versetzung arrangieren?

Christie schlug seinem neuen Freund Headlam vor, ihre jeweiligen Freundinnen, die Neuntöterin und Lucy, am nächsten Abend doch gemeinsam ins Palais auszuführen. Headlam fand die Idee prima und schlug seinerseits vor, sich drinnen mit den Mädchen zu treffen: Auf diese Art, fuhr Headlam fort, würden sie den Eintritt selber bezahlen müssen. Lucy zumindest.

»Wir sparen für die Hochzeit«, erklärte er.

Aber Christie war weder so unlogisch noch so schäbig, noch trug er sich mit Heiratsabsichten. Deswegen bezahlte er für seine geliebte Neuntöterin und spendierte ihr außerdem Wodka und Tomatensaft, eine Mischung, die das vornehme Mädchen Bee Mary nannte, weil es derbe Ausdrücke scheute.

Die Neuntöterin und Lucy fanden aneinander Gefallen und forderten sich nach ungefähr einer Stunde gegenseitig zum Tanzen auf: Angeblich wollten sie damit den Männern Zeit für einen gemeinsamen Drink geben, aber in Wahrheit wollte Lucy die Meinung der Neuntöterin über die jeweiligen Vorzüge beschnittener und unbeschnittener Männer kennen lernen. Christie und Headlam begaben sich zur Bar, und gerade als die Kasse klingelte, sagte der Mann aus der Lohnabteilung:

»Warum kommst du nicht in unsere Abteilung? Hast du Lust rüberzuwechseln?«

Ob Christie Lust hatte! War Headlam Hellseher?

»Parsons scheint für den Rest dieses Romans indisponiert zu sein«, fuhr Headlam fort. »Genau genommen glaube ich, dass er sich gerade etwas Tödliches eingefangen hat.«

»Aber was ist mit Stegginson?«, zweifelte Christie.

»Stegginson wird genau das tun, was ich ihm sage«, meinte Headlam, »ich habe gegen Stegginson etwas in der Hand, und das weiß er, und ich weiß, dass er das weiß. Ich kann es natürlich nur in begrenztem Rahmen verwenden, doch in diesem Fall kann Stegginson keine Einwände haben.«

»Aber was ist mit Wischer?«, sagte Christie und lockte ihn weiter.

»Du wirst mir das erst richtig glauben«, sagte Headlam, »wenn du einmal so lange bei Tapper's gewesen bist wie ich, aber gegen Wichser habe ich auch etwas in der Hand. Genau genommen ist in die Sache, die ich gegen

Stegginson in der Hand habe, auch dein Abteilungsleiter verwickelt. Außer anderen und unter anderem.«

»Klingt so, als würdest du im Büro bestimmen«, sagte Christie bewundernd.

»In gewissen Grenzen«, sagte Headlam, »tue ich das auch.«

Und bei diesen Worten gesellten sich die Mädchen wieder zu ihnen. Christie war ganz entspannt und erleichtert, weil ein wichtiger Aspekt seiner Zukunft jetzt geklärt war, und als er mit der Neuntöterin tanzte, schwelgte er charmant in Erinnerungen daran, wie sie sich auf eben diesem rissigen Parkett kennen gelernt hatten und dass jetzt alles gut sei und auch weiterhin gut bliebe und dann sogar noch besser werden würde. Er war ganz unkompliziert, Christie, und in der Neuntöterin hatte er sein schlichtes Gegenstück gefunden.

In der ersten Hälfte von Christies letzter Woche bei der Rechnungsabteilung gab es nicht viele Anlässe für Debets; um für die wenigen, die es dennoch gegeben hatte, ein Kredit zu schaffen, begnügte sich Christie damit, einige Büroklammern, eine Stempelunterlage aus Gummi und ähnliche kleine Büromaterialien mit nach Hause zu nehmen. Doch gegen Ende der Woche bürdete ihm sein Abteilungsleiter ein wüstes Arbeitspensum auf, stauchte ihn mehr als einmal ungerechtfertigt zusammen und debitierte Christie überhaupt aufs Schwerste.

Christie verbrachte einen ganzen Spätnachmittag damit, sich einen Ausgleichsposten zu überlegen, denn die Zeit drängte. Ihm war klar, dass er den Büromaterialtransfer ganz einfach dadurch steigern konnte, indem er eine Aktenmappe oder einen noch größeren Behälter mit ins Büro nahm; doch es bestand die Gefahr, erwischt zu werden, denn Tapper's Sicherheitsabteilung führte bei Angestellten, die das Haus verließen, Stichkontrollen durch, um die Entwicklung eines Schwarzmarktes für geschmuggelte Walnusskuchen und Ausschusspralinen zu dämpfen. Außerdem gab es da das Problem, sich solcher Dinge wie Din-A4-Bankwechsel zu entledigen, die als Packen sehr langsam verbrannten. Entschlossen, einen besseren Weg für einen Kontenausgleich zu finden, spielte Christie im Kopf die Videoaufzeichnung eines Arbeitstages von Wischer ab. Schließlich stoppte er bei dem Vorgang, wie sein Abteilungsleiter Memos und Bestellungen unterschrieb, spulte zurück und spielte es wieder ab und dann noch ein zweites Mal, um ganz sicher zu gehen. Dann war er sicher und konnte sich den Wonnen zuwenden, die die Neuntöterin zu bieten hatte, wozu auch das Abendessen zählte.

Zu dieser Zeit fiel Christie wie auch einigen anderen seiner Kollegen die Aufgabe zu, Bestellungen zu kollationieren und weiterzuleiten. Diese Bestellungen gliederten sich in zwei Kategorien: betriebsinterne und betriebsexterne. An diesem Morgen war Christie mit den betriebsinternen befasst. Die verschiedenen Abteilungen der Fabrik, der Bäckerei und des Büros schrieben ihre Bestellungen auf ein Standardformular und schickten es an Wischer, der das Gewünschte dann gegebenenfalls bei einem Zulieferbetrieb anforderte.

Wischer unterschrieb am Tag Hunderte von Bestellungen, nur etwa jede zehnte las er auch.

Die Chancen standen gut.

Christie machte früh Mittagspause, von zwölf bis eins, so wie es der Bürotrott erlaubte. Folglich saß er allein an seinem Schreibtisch, als alle anderen fort waren.

Christie ging zur Schreibmaschine eines Kollegen und setzte sich. Beim Durchblättern eines Stapels, den er selbst bearbeitet hatte, stieß Christie auf eine Bestellung der Verkaufsabteilung, die auf fünf Kartons Kohlepapier lautete. Christie tippte eine offizielle Bestellung über fünf Tonnen Kohlepapier und legte sie zu den übrigen, die er an diesem Morgen bearbeitet hatte, wohl wissend, dass Wischer normalerweise jedes Blatt des Stapels an einer Ecke gerade so weit hochhob, um sehr rasch seine krakelige und absolut unverwechselbare Unterschrift hinkritzeln zu können. Ah. Und Christie trug dabei Handschuhe (aus Gummi, natürlich, eng anliegende, hautfarbene), damit auf ihn kein Verdacht fallen konnte. Das perfekte Verbrechen. Sie können sich schon darauf freuen, dass bei Tapper's ein Lastwagen ankommen wird, der genug Kohlepapier geladen hat, um die Firma damit bis zum Ende des Jahrhunderts zu versorgen. Denn Wischer unterschrieb wie gewöhnlich, ohne hinzusehen.

Weil ihm bis zur Rückkehr der anderen noch etwas Zeit blieb und er die Handschuhe noch trug, legte Christie ein paar Extrakarten für das Aufgabenregister an. Dies war ein Karteikartensystem, das einen daran erinnern sollte, bestimmte Dinge an bestimmten Tagen zu erledigen. Jeden Tag wurden morgens zuallererst die Karten für diesen Tag herausgenommen und die darauf verzeichneten Aufgaben erledigt. Christie hoffte, dass dies auch geschehen würde, denn die erste Karte erinnerte Wischer daran, dass er dem Hauptbuchhalter vier Arschtritte schuldete, die zweite, dass jedes Mädchen im Büro sein geheimes Laster kannte, und die dritte, dass alle anderen Abteilungsleiter besser bezahlt wurden als er. Und jetzt kommt Christies absolutes Glanzstück: Er steckte auch eine Karte dazu, die ihn selbst attackierte! Dann steckte er Karten dazu, die Lucy und zwei weitere kleinere Büroberühmtheiten attackierten, damit er neben Wischer nicht als Einziger als Gegenstand des Interesses herausragte!

Vierzehn Tage, nachdem Christie die Abteilung verlassen hatte, sollten diese Karten von einer gewissen Miss Drew herausgenommen und gelesen werden, die sich hauptsächlich dadurch auszeichnete, dass sie nie irgendetwas für sich behalten konnte, inklusive ihre früher einmal als üppig bekannten Reize.

Das entschädigt einen schon, dachte Christie, für die Unannehmlichkeit, eine Stunde früher Mittagspause machen zu müssen.

Eines Tages las Christie auf dem Weg zur Arbeit in seiner Zeitung, dass der Innenminister während einer Nachtsitzung im Parlament tot umgefallen war. Die Todesursache war laut Zeitung bislang noch ein Geheimnis.

Sobald im Büro laut genug gearbeitet wurde, dass er unbemerkt sprechen konnte, griff Christie zum Telefon, rief Scotland Yard an und sagte Folgendes:

»Letzte Nacht hat es den Innenminister erwischt. Sie wissen nicht, wie ich ihn mir geschnappt habe. Als Nächstes sind der Handels- und Wirtschaftsminister, der Außenminister und der Premierminister dran. In dieser Reihenfolge. Wie ich mir die geschnappt habe, werden Sie dann ebenfalls nicht wissen.«

Dann legte Christie auf. Er wusste, dass sich unter den über hundert Anschlüssen der betreffende Apparat nicht ermitteln ließ, selbst wenn der Anruf bis zu Tapper's zurückverfolgt werden sollte. Christie hoffte, dass sein Anruf nicht bloß an das Ohr eines Constables gedrungen war. Wurden eigentlich alle bei der Polizei ankommenden Telefongespräche auf Band aufgezeichnet? Warum denn nicht?

Headlam lud Christie zur Feier seines ersten Tages als Angestellter bei der Lohnabteilung über Mittag zu einem Drink ein. Diesmal tranken beide ein Bitter.

»Mein Vater«, sagte Headlam, »ging mit mir an meinem fünfzehnten Geburtstag in einen Pub, drückte mir ein Pint Bitter in die Hand und sagte: ›Wie alle Männer dieser Familie, Sohn, wirst du ganz selbstverständlich drei Dinge tun – du trinkst Bitter, wählst Labour und unterstützt Chelsea.‹ An das Bitter musste ich mich erst eine Weile gewöhnen, weil ich bis dahin Dunkles getrunken hatte, aber ein Chelsea-Fan war ich schon. Und was Labour betraf, da dachte ich mir, wenn du in der Welt vorwärts kommen willst, dann musst du die Jungs wählen, die das Geld haben. Aber weil ich damals noch nicht wählen durfte, war es sowieso Wurst.«

Headlam machte eine Pause, damit sich das Auge des Lesers an einem Absatz inmitten einer ansonsten beängstigenden Letternmasse ausruhen kann.

»Ich wurde jedoch bald davon überzeugt, dass mein Vater Recht hatte«, fuhr er fort, »durch eine Erfahrung nämlich, die ich mit ein paar Geldheinis machte. Es gab da ein Mädchen, das aus Neugier die Slums unten am Fluss aufsuchte, und irgendwie hatte sie an mir Gefallen gefunden. Und ich an ihr, um ehrlich zu sein. Sie stellte mich sogar ihrer Familie vor, der eines von den alten Häusern entlang der Doves gehörte. Wir waren Sonntag zum Mittagessen da. ›Na, ihr seid wohl auf den Hund gekommen bei euch zu Hause, was?‹, fragt mich ihr Vater, und ›Nein‹, antworte ich, ›wir haben bloß eine Ratze.‹«

Christie lachte erfreut.

»Danach hat's nicht mehr geklappt«, sagte Headlam, »obwohl sie eine prima Pflaume hatte. Madge hat sie geheißen, Madge.«

Christie erwärmte sich zusehends für Headlam, je besser er ihn kennen lernte. Die Wellen der Sympathie gingen so hoch, dass Christie sogar versucht war, Headlam seine Tolle Idee zu offenbaren und dessen Mithilfe für ihre zwangsläufige Verwirklichung zu gewinnen. Doch seine Prinzipien hielten ihn davon ab: *Ich bin ein Einzeller!* So konnte er nicht verraten werden, so war er nur für und vor sich selbst verantwortlich. Nur so ging es; es war erwiesen, dass es nur so ging.

Doch in mancher Hinsicht diente Headlam Christies Zielen zweifellos: unwissentlich natürlich, indem er jene Gelegenheiten für Kredits schuf, die Christie auf seinem ersten Lohnbotengang erkannt hatte. Und bald erfuhr Christie auch noch andere Hilfe durch den freundlichen Angestellten, der alle kannte und (in strikten Grenzen, wie gesagt) einiges von dem, was sie taten oder nicht taten, kontrollierte. Headlam wusste beispielsweise von dem Privatlift für Tapper's Direktoren, denn Headlam war einmal (ante Lucy) in die Sekretärin des Verwaltungsdirektors der Firma verliebt gewesen; und alle bei Tapper's kannten und mochten ihn. Muss ich noch mehr sagen?

Auf dem ersten Lohnbotengang für seine neue Abteilung setzte Christie einen seiner Pläne in die Praxis um. Er hatte eine weitere Erkundung des Dampfkesselraums durchführen können, weil Headlam ihn gebeten hatte, hinunterzugehen und eine Anfrage wegen einer Gehaltskürzung zu klären; es handelte sich um denselben Mann, den Christie schon von seinem ersten Besuch her kannte. Er hatte die Funktionen und Stellungen der Schalter an den Anschlusskästen überprüft, die (wenn er dem Vorarbeiter der Heizer glauben durfte) den ganzen Strom bei Tapper's regelten. Und er hatte sich eine Methode ausgedacht, um diese Schalter sozusagen ferngesteuert umzustellen, und zwar auf eine ganz ungewöhnliche Weise, die zu erfinden ich mir jetzt nicht die Mühe machen werde. Doch ich will Ihnen immerhin sagen, dass dabei eine Schaufel, die natürlich bereits vorhanden und einsatzbereit war, ein Stück Nylonschnur und ein kleiner Hartgummiball von der Art, wie er viele Kinder jeden Alters begeistert, eine Rolle spielten; und dass, wenn diese Vorrichtung einmal funktioniert hatte, von dieser Vorrichtung nur noch eine Schaufel übrig blieb, die alles Recht hatte, dort zu sein, und ein Kinderball mit ungefähr einem Meter Schnur daran. Außerdem würde der wegen seiner bemerkenswerten, ja sogar unwahrscheinlich elastischen Eigenschaften ausgewählte Ball beim Fallen die Schnur ein beträchtliches Stück von der Schaufel wegbefördern; und wenn er unter einem der großen Dampfkessel oder an sonst einem unzugänglichen Ort liegen blieb, könnte er vielleicht tatsächlich einige Jahre oder sogar bis zum letztendlichen (denn es bleibt nichts davon verschont) Abbruch unauffindbar sein.

Christie installierte die Vorrichtung an einem Freitag, Zahltag; und weil der zeitlichen Genauigkeit von Vorrichtungen, die von der Stärke einer Nylonschnur abhängen, eindeutige aleatorische Grenzen gesetzt sind, konnte er nicht sagen, wann Tapper's davon in Dunkel und Verwirrung gestürzt werden würde. Es könnte passieren, bevor er nach Hause ging; höchstwahrscheinlich würde es aber irgendwann im Verlauf des Wochenendes geschehen; oder vielleicht könnte es auch noch zu Beginn der nächsten Woche zünden.

Als er am Montag wieder in der Arbeit erschien, gehörte es nicht zu seinen Pflichten, nachzufragen, ob es an diesem Wochenende einen Stromausfall gegeben hatte; er hielt sich natürlich rigoros an seine Prinzipien. Er wusste, dass es bestimmte Dauerprozesse gab (DOOM DOOM und die Zuckersieder beispielsweise), die davon betroffen gewesen wären, wenn es am Wochenende passiert wäre; dass es aber besser wäre, wenn es während der Arbeitszeit in der Arbeitswoche passieren würde.

Es gab keinen Stromausfall während dieser Woche; und bei dem Lohngang am Freitag stellte Christie wie erwartet fest, dass seine Vorrichtung nicht mehr da war. Entweder hatte sie im Verlauf des Wochenendes funktioniert, oder sie war zu irgendeiner anderen Zeit entdeckt und demontiert worden. Oder sie hatte nicht funktioniert. Christie sollte es nie erfahren; dieser Roman besteht nämlich nicht aus einer ununterbrochenen Serie von Erfolgen.

»Ich würde gern«, sagte Headlam, »so eine ähnliche Entdeckung machen wie dieser legendäre Angestellte einer allseits bekannten Streichholzfabrik.«

»Welche war das denn?«, fragte Christie.

»Er ist zu seinen Chefs gegangen und hat gesagt, er hätte da eine Idee, mit der sie pro Jahr soundso viele Tausende sparen könnten. Als Gegenleistung verlangte er auf Lebenszeit ein Gehalt in Höhe der Hälfte der gesparten Summe. Und diese Direktoren waren nicht so trübe Tassen wie die von Tapper's. Sie waren einverstanden. Und der Mann sagte : ›Bekleben Sie nur eine Seite der Schachtel mit Sandpapier statt beide.‹ Darauf waren die Direktoren auch noch nie gekommen. Vielleicht waren sie ja doch nicht viel heller als unser Haufen hier. Aber anständig waren sie, und die Hälfte von dem, was sie an Kosten für das Sandpapier sparten, gaben sie dem Mann pflichtgetreu bis an sein Lebensende.«

»Die Geschichte kenne ich doch, oder?«, sagte Christie.

»Keine Ahnung«, sagte Headlam und weinte in sein Bier, »ich habe keine Ahnung, woher denn auch? Aber da ich nun mal anscheinend für die komischen Nummern in diesem Roman zuständig bin …«

»Er hat sie dringend nötig«, sagte Christie.

»… kennst du den schon von dem Mann, der den Besitzer der Tierhandlung fragt: »Haben Sie auch einen Hund, der was hermacht?‹«

»Nein«, sagte Christie, »ich glaube nicht.«

»Ah«, sagte Headlam, »dann kennst du auch die Antwort des Besitzers der Tierhandlung nicht. Der sagte nämlich: ›Ich habe nur welche, die was hinmachen!‹«

»Es wäre mir lieber, ich würde sie jetzt immer noch nicht kennen«, sagte Christie, und nun war die Reihe an ihm, bitterlich in sein Bitter zu schluchzen.

Am Ende seiner zweiten Woche in der Lohnabteilung interessierte sich Christie zum ersten Mal bewusst für seine Einkommensteuer. Die Firma Tapper's hat sie jede Woche abgezogen, dachte Christie, und zwei Wochen lang habe ich denen Vorschub geleistet, den Lohn anderer um die Steuern zu kürzen, dazu gehören die Nussdamen, die Konditoren und fast der ganze Rest. Was tun die? Was tue ich?

Und Christie begriff, dass die Firma Tapper's dieses Geld, das sie abzog, so lange einbehielt, wie es gesetzlich erlaubt war und manchmal auch länger, und inzwischen Zinsen dafür kassierte oder es dazu verwandte, um die Zinsen für ihre diversen Überziehungskredite zu senken, und das Geld erst dann an den Steuereinnehmer bezahlte.

»Wo hat dieser Steuereinnehmer sein Büro?«, fragte Christie Headlam eines Morgens.

»In der Brook Green Road«, sagte Headlam, »gleich hinter dem Palais!«

»Gleich hinter dem Palais?«, sagte Christie. »Gleich hinter dem Palais!«

»Ja«, sagte Headlam, »genau da, wo sie anfängt, in Richtung Bush zu verlaufen.«

Christie versuchte sich sofort vorzustellen, was dieser Steuereinnehmer mit dem Geld machte, das er von Tapper's zahlreicher Belegschaft und unter anderem auch von Christie eintrieb. Er gibt es zweifellos an die Regierung weiter, dachte er, nachdem er einen kleinen Betrag für seine Mühe einbehalten hat. Und ihm fielen auf Anhieb unzählige Dinge ein, wofür die Regierung es ausgab und die er missbilligte.

»Diese Scheißkerle!«, sagte Christie, der, wie ich noch einmal betonen muss, ganz einfach war. »Und das auch noch mit meinem Geld! Ich werde beim Begleichen dieses Debets keine Obstruktion dulden!«

Zum Glück belauschte ihn niemand.

Noch in dieser Mittagspause machte er sich auf den Weg zur Brook Green Road, wo der Steuereinnehmer sein Büro hatte. Hythe House hieß das Gebäude, wie er verwundert feststellte. Hythe, so wusste Christie, war eine andere Schreibweise von *hithe,* und das bedeutete einen kleinen Hafen, einen Landeplatz oder eine Anlegestelle, besonders an einem Fluss: Jetzt fand man das Wort in der Regel nur noch als Bestandteil von Ortsnamen wie zum Beispiel in Rotherhithe, Lembeth (lambhithe) und so weiter. Im Namen dieses zwar noch relativ neuen Gebäudes muss sich also ein nahe gelegener Landeplatz an der Themse widerspiegeln: der Anlegesteg der Vergnügungsdampfer oberhalb der Brücke bestimmt nicht, dachte Christie, der ist ja sogar für meine Zeit noch modern, sondern ein anderes Bauwerk, älter, geheiligt durch die Benutzung seit unvordenklichen Zeiten und aufbewahrt im Bewusstsein eines kultivierten Steuereinnehmers. Ah. Und weil *hithe* oder *hythe* in keiner anderen germanischen (wie die Experten sagen) Sprache vorkam, so überlegte sich Christie, musste dieser Steuereinnehmer wirklich ein echter Patriot sein, und nicht bloß so ein makkaronischer Dilettant! Für so einen Mann werde ich mir etwas ganz Besonderes einfallen lassen müssen, dachte Christie, denn dies ist ein Einnehmer, der weitaus mehr kennt als nur Debets und Kredits, Fra Luca, schnöden Mammon und dergleichen!

In dieser Nacht durchforstete Christie, wie so oft, sein Gehirn. Und natürlich fiel ihm ein, wie er seine Verbindlichkeit gegenüber dem Steuereinnehmer erfüllen würde.

Es war ganz leicht. Das Kleine Vermifugum, so nannte er ihn, den Eisenbahnzug.

Neben Hythe House gab es eine Baustelle, einen in der Anfangsphase befindlichen Anbau, der zur Unterbringung der noch riesigeren Beträge nötig war, die sie ihm und anderen abzuknöpfen gedachten, so stellte sich Christie vor. Die elementaren Versorgungsleitungen wurden gerade fertig gestellt, dazu gehörten natürlich auch die Abwasserrohre oder (weil sie da etwas feiner sind) Abflussanschlüsse. Sie wurden ganz ökonomisch mit denen des bestehenden Gebäudes verbunden und in den Beamtengarderoben im Erdgeschoss abgezweigt, die man vorübergehend geschlossen und deren begeisterten Benutzern man eine vorläufige (jedoch nicht minder komfortable) Unterbringungsmöglichkeit im ersten Stock zur Verfügung gestellt hatte. All dies ist zum weiteren Verständnis nötig, wie Sie fraglos alsbald sehen werden.

Am nächsten Tag kaufte Christie eine Eisenbahn zum Aufziehen. Man ahnt bereits, was er plante. Er achtete darauf, nur die Schachtel anzufassen. Er hatte nicht umsonst etwas von Fingerabdrücken gehört, oh nein! Bevor er an diesem Abend der Neuntöterin seinen Pflicht- (und Genuss-)besuch abstattete, streifte er umsichtig Gummihandschuhe über und befestigte an jedem der fünf Güterwaggons des Zugs mittels Klebeband ein Dreierpack Gelatinedynamitstangen. Dann verband er die Waggons untereinander mit Zündschnur, koppelte alles an die Lokomotive und zog sie auf. Ein ganz gewöhnlicher (aber kleiner) Wecker vervollständigte Christies Feierabendarbeit, bevor er diese behutsam in einem mit Polyurethan ausgekleideten Koffer verstaute.

»Woher«, höre ich Sie schreien, »hat Christie das Gelatinedynamit? Ich kann mir keines beschaffen. Nicht, dass ich das etwa möchte, versteht sich.«

Und hier haben Sie die Antwort: Wenn man Gelatinedynamit unbedingt haben will, dann bekommt man es auch. ICI stellt es tonnenweise her. Die Verwender verwenden es 50-kiloweise. Pfunde gehen verloren. Manchen Leuten reichen Pfunde.

Christie wollte es mehr als nur unbedingt haben.

Die Neuntöterin liebte Christie. Dann liebte Christie die Neuntöterin. Dann liebten beide einander auf dem Teppich vor ihrem Gaskamin.

Christie kam nicht allzu spät nach Hause; er lag gern so gegen zwölf im Bett. Auf der Baustelle neben Hythe House stellte er den Wecker so, dass er in zwölf Stunden klingeln würde, löste die Sperre, die als Bremse für den einfachen Aufziehmechanismus diente, und tadellos fuhr sein kleiner Güterzug in gemächlichem Tempo durch das saubere 23 cm durchmessende bleiblanke Rohr, bis er unter Hythe House auf eine Kurve traf, deren Radius zu klein ausfiel, um ihm die Weiterfahrt zu erlauben. Nach einem Protestkreischen des Laufwerks kam er zur Ruhe und erwartete den Morgen. Wie rührend.

Christie hatte inzwischen das Palais erreicht und wurde von einem Polizeibeamten angehalten.

»Was ist da drin?«, sagte der Polizeibeamte und wies auf Christies Koffer.

»Polyurethanstücke«, sagte Christie wahrheitsgemäß.

»Aufmachen«, sagte der Polizeibeamte, der eigentlich bloß Constable war, und das auch bloß bei der Verkehrspolizei.

»Mit welchem Recht ...«, begann Christie.

»Mit jedem Recht«, sagte der Constable. »Aufmachen!«

Christie tat es.

Der Constable war natürlich enttäuscht. Christie diskutierte mit ihm die Möglichkeit einer Strafanzeige wegen so etwas wie fälschlicher Verdächtigung, erhielt jedoch den Rat, besser zu verduften, bevor er für das Nächstbeste eingelocht wurde, was dem Revierwachtmeister gerade in den Sinn kam.

Man sagte mir, man muss solche Zwischenfälle einbauen; von wegen der Spannung, Sie wissen schon.

Am nächsten Tag gehörten Christie und Headlam zu denen, die in der Mittagspause nach Mythe House gingen und gafften. Sie gehörten auch zu den Glücklichen: Sie sahen, wie drei Leichen herausgetragen wurden, und sie kamen in einer der Fernsehnachrichtensendungen vor. Und Christie prahlte mächtig vor der Neuntöterin, als sie sich an diesem Abend gemeinsam die Nachrichten anschauten! Denn er war im Fernsehen zu sehen gewesen, und sie nicht! Aber sie nahm ihm natürlich nichts davon übel, die großartige Neuntöterin.

Sie bemerken allmählich eine Weiterentwicklung: Christie hatte angefangen, ernst zu machen!

KAPITEL XII

Scotland Yard steht vor einem Rätsel

»Irgendwer«, sagte ein schmuddliger Kriminalinspektor, »verarscht uns.«

»Scotland Yard steht sozusagen vor einem Rätsel«, stimmte der stellvertretende Hauptkommissar zu.

»Wie damals bei den Anarchisten«, sagte der Hauptkommissar, von dessen Vorfahren einer in der Sidney Street Schulter an Schulter mit Winnie gestanden hatte.

»Die Anarchisten!«, sagten die zwei anderen fast einstimmig. Und ihre Unterkiefer bebten, als sie stumm in sich hinein lachten.

»Wenn das noch schlimmer wird«, warnte der Hauptkommissar pikiert, »werden wir den Einsatz von taktischen Nuklearwaffen in Erwägung ziehen müssen!«

KAPITEL XIII

Christie diskutiert mit sich!

Ich versuche nicht, zu beweisen, dass ich Recht habe, sondern herauszufinden, ob.

Brecht

Später diskutierte Christie mit sich. Das war nicht typisch für ihn, denn im Wesentlichen war er eins und einig mit sich.

Zum ersten Mal war er sich bewusst, dass er mehr als irgendjemand sonst den Verlust von Menschenleben zu verantworten hatte.

Christie diskutierte mit sich. Wer würde am Ende gewinnen? Hätte er diese Diskussion vor dem Kleinen Vermifugum führen sollen und nicht hinterher?

Die Diskussion verlief folgendermaßen:

Ich habe kein Recht, Menschen zu töten. Allen Diskussionen zufolge hat niemand das Recht dazu.

Trotzdem werden Menschen getötet. Es gibt sogar Killer mit Lizenz, Killer ganz verschiedener Art.

Trotz der überwältigenden Übereinstimmung mit dem Kanon hinsichtlich der absoluten Heiligkeit des menschlichen Lebens erkannte die Gesellschaft in der Tat, dass ein Menschenleben tatsächlich ein sehr preiswertes, im Überfluss vorhandenes und leicht disponibles Gut war. Von allen Dingen ließ sich ein Menschenleben am leichtesten ersetzen. Eine Maschine zu ersetzen wäre schwierig, kostspielig: doch der Mann, der sie steuerte, an ihr arbeitete oder sie bediente, konnte ganz kurzfristig durch irgendeinen anderen der Millionen Männer ersetzt werden, die nach kurzer Ausbildung alle gleich leistungsfähig, gleich ersetzbar waren.

Frauen waren sogar noch billiger.

Menschenleben sind billig, spottbillig, wenn man danach urteilt, wie diese Gesellschaft handelt, was immer das einzig wahre Kriterium bleibt, so erkannte Christie, trotz ihrer frommen Sprüche. Was sie in der Praxis tut, entspricht nicht dem, was sie sagt. Sie schert sich nicht um Menschenleben: Sie verkürzt dieses Leben durch die Art der Arbeit, die sie fordert, sie vergiftet dieses Leben aus purem Profitstreben, sie organisiert Kriege, von denen feststeht, dass sie in Massenmord enden werden … aber Sie kennen ja die Methoden, mit denen wir alle dezimiert werden: ich muss sie eigentlich nicht weiter aufzählen.

Es fiel Christie also leicht, wieder eins mit sich zu werden. Wenn die mit schmutzigen Methoden kämpfen (und das tun die), dann werde ich das auch tun, dachte er; wenn die Menschenleben gegenüber so abgestumpft sind, dann werde ich das auch sein (obwohl ich wohl kaum so viele töten kann wie die).

Wer das ablehnt, hat das Wesentliche nicht begriffen das muss einmal gesagt werden, dachte Christie. Natürlich betrübt einen der Tod derer, die einem nahe stehen: natürlich lässt einen der Tod der Mutter denken, dass sie unentbehrlich war. Doch wenn sie wirklich unentbehrlich war, dann stirbt man selber. Sonst war sie eben nicht unentbehrlich. Und auf jeden Fall interessiert sich die Gesellschaft, interessieren die sich nicht für deine Mutter, dafür, was sie dir bedeutet hat. Sie wäre nicht die Gesellschaft, wenn sie es täte.

Christie konnte weitermachen.

DIE DRITTE ABRECHNUNG

... und viele andere Dinge, über die ich mich hier nicht weiter verbreiten will, weil wir davon oben ausführlich gesprochen haben und man es nunmehr selbst verstehen wird, denn die Konten sind nichts anderes als eine geeignete Anordnung der Vorstellungen, die sich der Kaufmann macht, durch welches Mittel er zur Kenntnis seiner sämtlichen Geschäfte gelangt und leicht sehen kann, ob diese gut oder schlecht gehen. Denn wie sagt das Sprichwort: Wer Geschäfte macht, ohne rechte Kenntnis davon zu haben, dem werden seine Gelder zur Fliege.

Pacioli

CHRISTIE MALRY in Rechnung mit IHNEN | DRITTE

DR BELÄSTIGUNG				KR ENTSCHÄDIGUNG			
1. Juni	Übertrag	106	61	2. Juni	Zerissenes Plakat	0	50
2. Juni	Generelle Herabsetzung von Christies Leben durch Reklame	50	00	2. Juni	Straßenlampenglas	0	30
8. Juni	Wagners brutales Arbeitspensum	7	00	2. Juni	Aldwych Theatre Bombenscherz	3	81
8. Juni	Wagners Standpauke	3	50	5. Juni	Büroklammern mitgenommen	0	01
9. Juni	Wagners generelle Unfreundlichkeit	6	30	6. Juni	Stempelkissen mitgenommen	0	02
30. Juni	Generelle monatelange Ausbeutung durch Tapper's	200	00	7. Juni	Mitnahme diverser kleiner Büroartikel	0	06
				13. Juni	Kabinettsminister Telefonscherz	0	70
				21. Juni	Hythe House und das Kleine Vermifugum ./.	110	10
				30. Juni	Christie geschuldeter Saldoübertrag auf neue Rechnung	257	91
		373	41			373	41

./. Sieben Leichen berechnet zu einem Kurs von je 1.30 als Vergütung des Handelswerts, der darin enthaltenen Chemikalien; plus Beschädigung von Eigentum usw.

KAPITEL XIV

Christie sieht unendliche Möglichkeiten

Soll ich mit explosiven Mäusen experimentieren?, überlegte Christie. Oder mit anderen kleinen Nagetieren? Bomben befördernde Amseln? Die Möglichkeiten waren unendlich.

Aber Christie durfte das Maß nicht verlieren und musste seine Prinzipien beherzigen. Auf einen Großangriff sollten kleine Aktivitäten folgen oder vielleicht sogar für eine Weile gar keine Aktivität, jedenfalls aber kein weiterer Großangriff. Prinzip Nummer sechs. Oder Nummer fünf?

Drei Tage lang hielt sich Christie zurück, ergab sich nachts einer immer engeren Beziehung zur Neuntöterin und ließ sich tagsüber von Headlam fördern.

Am vierten Tag wurde ihm klar, dass er jetzt zumindest den Nervenkrieg fortsetzen könnte, und also benutzte er Tapper's Telefon, um die Polizei davon zu informieren, dass in etwa zehn Minuten eine Bombe hochgehen und den Großteil des Londoner Werksgeländes der Pork Pie Purveyors Ltd. in Schutt und Asche legen würde. Diese Fabrik lag dem Fenster gegenüber, wo Christie seinem neuen Job nachging, und er freute sich diebisch, als er die Belegschaft stürmisch zu den Toren herausströmen sah! Die Leute waren eindeutig begeistert darüber, einen Grund zu haben, nicht zu arbeiten, sie lachten und schwatzten, während sie in vermeintlich sicherer Entfernung in ihren blutbefleckten braunen Overalls und schmucken Mützen dastanden, die Männer ungewöhnlicherweise bei den Frauen. Wo die PPP-Direktoren steckten, konnte Christie nicht sehen: Er vermutete, dass sie ohne Zweifel in den unterirdischen und privaten Bunker geflüchtet waren, den sie gegen die Gewissheit eines Atomkrieges eingerichtet hatten.

Nachdem sie eine Stunde lang gesucht hatten, erklärten die Polizeibeamten, dass es sich bei dem Telefonanruf um einen üblen Scherz gehandelt haben musste, und kehrten ins Revier zurück, um die heimlich geklauten Schweinepasteten zu essen.

Es hatte wenig Sinn, an diesem Tag die Produktion noch einmal aufzunehmen, deshalb wurde die komplette Belegschaft der PPP in der Mittagspause nach Hause geschickt.

Die Möglichkeiten waren unendlich. Solange ich lebe, dachte Christie, und mein ganzes Leben liegt buchstäblich noch vor mir, brauche ich nicht an meinen Tod zu denken.

Oh, die Möglichkeiten waren unendlich!

KAPITEL XV

Christie (klug, wie er ist) lauscht

Christie belauschte ein Gespräch zwischen Revolutionären:

»Wir könnten die Clubs angreifen!«

»Ja!«

»Ja!«

»Ja!«

»Das sind ausgezeichnete Ziele. Praktisch ungeschützt. Voll von Leuten, deren Nichtvorhandensein durchaus wohltuend sein könnte.«

»Wir könnten mit dem Alpinen Club anfangen ...«

»Dann der Amerika ...«

»Dann der Amerikanische Frauen ...«

»Dann der Anglo-Belgische ...«

»Dann der Armee und Marine ...«

»Dann der Art Deco ...«

»Der Athenaeum«

»Der Autoren«

»Der Ballett«

»Der Beefsteak«

»Boodles«

»Brooks«

»Bucks«

»Der Canning«

»Der Carlton«

»Der Challoner«

»Der Chemiker«

»Der Kaledonier«

Eine Pause; dann:

»Einer von uns könnte als Hausdiener im Lansdowne arbeiten.«

»Stellen die heute noch Hausdiener ein?«

»Ja. Hausdiener im Londoner Alpinistinnen.«

»Der Londoner Fechtclub«

»Der Londoner Ruderclub«

»Der MCC«

»Der Montan«

»Der Montan?«

»Der Montan!«

Erneute Pause.

»Was ist mit Pratt's?«

»Rein für die Katz!«

»Lass den Quatsch.«

»Ich mach keinen Quatsch.«

»Also, was ist mit Pratt's?«

»Pratt's«

»Der Public Schools Club«

»Der Eisenbahner«

»Queen's Club«

»Der Reformclub«

»Der Roehampton«

»Moment mal. Wie entscheiden wir denn, welcher zuerst drankommt?«

»Auslosen.«

»Ich versteh schon, was du damit meinst, wenn du mich verstehst, aber womit?«

»Was ist mit dem Schinder?«

»Der Savage«

»Der Savile«

»Der Sesame Pionier und Lyceum«

Dieser Club ließ die Revolutionäre dann endgültig stocken. Christie wartete. Nach einer Weile fingen sie wieder an, laut nachzudenken.

»Der Sozialismus hat in diesem Land nie eine Chance bekommen.«

»Er muss diese Chance bekommen.«

»Wir wissen, was es heißt, dem Konservatismus entgegenzuwirken: jetzt wollen wir mal sehen, wie es ist, dem Sozialismus als der herrschenden Idee entgegenzuwirken.«

Erneute Pause.

»Nach den Clubs könnten wir Grosvenor Square entlauben.«

»Hyde Park!«

»Barnes Common!«

»Myddelton Square!«

Christie verzog das Gesicht und verließ seinen Lauschposten; denn das waren ja bloß Kinder.

KAPITEL XVI

Haltet England sauber; oder werfen Sie diese Flasche nicht einfach weg

Christie studierte, wie man einen Molotow-Cocktail oder eine Benzinbombe herstellte.

Man brauchte dafür nur ganz einfache und leicht zu beschaffende Dinge: Das war das Schöne daran.

Einen Behälter; einen stramm zu einem Strang zusammengedrehten Lappen; etwas Benzin; und ein wenig Paraffin.

Der Behälter musste beim Aufprall zerspringen, darum eigneten sich Glas oder Keramik am besten. Glasflaschen gibt es millionenfach, und deshalb werden sie von der Cocktail-Clique natürlich favorisiert. Man denkt zuerst an eine Milchflasche: aber die Milchflasche ist in der Regel eine dickwandige, schwere Flasche. Jeder wird schon seine Erfahrungen mit fallen gelassenen Milchflaschen gemacht haben, die unbeschädigt vom Boden zurückprallen. Für die Zwecke der Staatsverdrossenen muss die Flasche leicht zerspringen. Nein, die für ihre Zwecke beste Flasche auf dem Markt haben die Hersteller alkoholfreier Getränke zur Verfügung gestellt: ein Viertelliter Fassungsvermögen, Schraubverschluss aus dünnem Leichtmetall, Glaswandung in absoluter Minimalstärke, der Umfang mit der Hand so bequem zu umgreifen, dass ein zielgenauer Wurf relativ einfach wird, und als Einwegflasche so leicht verfügbar, dass es einen zu der ironischen Bemerkung provoziert, dass die Kräfte des Konservatismus unwissentlich genau die Instrumente, die ihnen Verdruss bereiten, selber zur Verfügung stellen.

Und jetzt die Methode. Zuallererst spülte man den Bodensatz (Tonic, Bitter Lemon oder was auch immer) aus der Flasche und ließ sie mit dem Hals nach unten trocknen. Während des Trocknens ritzte man mit einem Glasschneider mindestens vier senkrechte Rillen in die dünne Wandung (um möglichst sicherzustellen, dass die Flasche beim Aufprall auch wirklich zerspringt). Dann machte man mit einem scharfen Messer zwei kreuzförmige Schnitte in den Verschluss und bog die vier auf diese Weise entstandenen scheußlichen Spitzen nach unten, um so eine Öffnung zu schaffen. Durch dieses Loch zwängte man den stramm zusammengedrehten Lappen, der so dick war, dass ihn die vier Stachel aufspießten; diese vier Widerhaken ließen sich nötigenfalls zurückbiegen, um den Lappen ganz sicher zu verankern. Dann füllte man Benzin in die Flasche, tränkte den Lappen mit Paraffin und drehte dann den Verschluss fest zu.

Der Molotow-Cocktail war jetzt wurfbereit, man musste nur noch das überstehende Ende des Lappens anzünden.

Wurde es für wünschenswert gehalten, gleich eine ganze Batterie Bomben im Voraus zu präparieren, so musste man nur mit dem Einfüllen des Benzins und dem Tränken des Lappens mit Paraffin bis unmittelbar vor dem geplanten Einsatz der Bomben warten. Milchkästen taugen durchaus zur Unterbringung größerer Stückzahlen; weniger geeignet sind die Pappkartons, in denen die Flaschen mit alkoholfreien Getränken ausgeliefert werden. Mit einem Dreierteam lässt sich mühelos folgender Drill einüben: Einer füllt die Flaschen mit Benzin; der Zweite taucht die Lappen in das Paraffin und schraubt die Verschlüsse fest; und der Dritte zündet an und wirft.

Worauf man sie wirft, bleibt einem natürlich selbst überlassen, dachte Christie; doch es sollte mir keiner ungerüstet sein.

KAPITEL XVII

Die zweifellos erwünschte Rückkehr der Neuntöterin

»Ich weiß nicht, warum ich dich so sehr liebe«, sagte die Neuntöterin und rührte mit der anderen Hand herzoginnenhaft ihren Tee um, weil es gerade mal wieder die laufende Woche im Monat war. »Aber ich tue es nun einmal, mein schöner Geheimnisvoller. Und ich stelle auch keine Fragen, sondern bringe dir nur einfach das übrig gebliebene Pfund gefüllte Lammbrust mit nach Hause …«

»Wie wär's denn mal mit einem Filetsteak?«, sagte Christie, um sich noch mehr abzulenken und auf diese Art die ergötzliche Entwicklung auszudehnen.

»Filetsteaks bekommt man bei keinem Schlachter hier in der Gegend«, erwiderte die Neuntöterin, »das muss ich dir leider sagen. Die wandern alle in die Restaurants, sagt Mr. Cameron, oder in die Schlachtereien im Westend.«

»Du lernst eine ganze Menge«, sagte Christie.

Und die reizende Neuntöterin verdoppelte ihre Bemühungen, ihn zufrieden zu stellen, saugte jetzt, wo ihr keine Konversation abverlangt wurde, an der purpurroten Spitze, streichelte und presste und zog so, wie sie es als Kind auf einem Bauernhof gelernt hatte, das Melken von Hand.

Das Ende kam nur allzu rasch, wie das in diesem Alter nun mal ist, und die Neuntöterin beobachtete hingerissen wie eh und je, wie es schaumig pulsierend quoll, sich beruhigte und versiegte. Das verstand man unter ›kommen‹.

Inzwischen waren sie beide absolut glücklich. Hier handelt es sich ja schließlich um Belletristik, nicht wahr? Oder?

»Ich bin froh, dass du nicht bei Tapper's arbeitest«, sagte Christie, »ich begreife nicht, wie es Headlam schafft, den ganzen Tag die Finger von Lucy zu lassen.«

»Weil er sie die ganze Nacht nicht aus den Fingern lässt«, sagte die Neuntöterin, die eine gehörige Portion Esprit besaß.

Auch das Zimmer der Neuntöterin gefiel Christie gut. Eine Wand bestand aus gespundeten Brettern. Durch sie drang kein Laut. Das andere war eine verputzte und tapezierte Backsteinwand. Die nächste hatte ein Fenster. In der vorletzten war die Tür. Die fünfte Wand war an sich ungewöhnlich, ansonsten aber nicht bemerkenswert. Die Neuntöterin hatte dort zur Erinnerung ein Foto von Christie als Schüler aufgehängt. Draußen auf dem Treppenabsatz waren Küche und Toilette, wenn auch nicht unbedingt in dieser Reihenfolge. Die Neuntöterin hatte ihr Zimmer exquisit gestrichen, mit Emulsionsfarbe stundenlang auf Trittleitern gestanden, bis ihr einfiel, dass sie ja gleich mit Christie verabredet war. Und sie sorgte auch dafür, dass es schön blieb. Stets lag ein Schwefelhölzchen bereit, an dem sich Christie seine Stumpen anzünden konnte, obwohl er doch gar nie rauchte. Auch die Decke bestand aus Spundbrettern, die

Fußbodendielen hingegen waren so bemalt und gemasert, dass ein verblüffender *Trompe-l'oeil*-Effekt zu Stande kam. Die Neuntöterin war von Natur aus nicht dazu geboren, als Verkäuferin in einer Schlachterei zu arbeiten, wie Christie nur zu gut wusste: Es war die Gesellschaft, die sie dazu zwang oder immer zu etwas Ähnlichem zwingen würde. Sie war ein Juwel, und es warf ein bezeichnend schlechtes Licht auf die Gesellschaft, dass sie nur unangemessene Verwendung fand für diesen Esprit, diese perlmuttene Beschaffenheit, was ja nur zwei der Dinge waren, die sie ihm lieb und teuer machten.

»Schluss mit diesem Metaphernquatsch«, sagte die Neuntöterin. »Was hast du gegen gefüllte Lammbrust?«

»An und für sich nichts«, sagte Christie. »Zur Abwechslung esse ich sie sogar mal ganz gern. Aber ich habe das Gefühl, dass unser Speiseplan zu sehr von Mr. Camerons Fleisch gewordenen Fehleinschätzungen diktiert wird.«

»Mal sehen, was sich machen lässt«,sagte die gutherzige Neuntöterin, »aber wie kann es noch vor ein paar Zeilen von uns heißen, wir seien absolut glücklich, wenn wir uns jetzt über die eintönige Ernährung beschweren?«

»Wo ist da das Problem?«, lächelte Christie.

Die Neuntöterin besaß ein Teeservice, das ihr ihre Großmutter geschenkt hatte. Es gefiel ihr sehr gut, aber wiederum doch nicht so sehr, dass sie sich etwas darauf einbildete. Das war so ganz und gar nicht ihre Art. Den Tee schenkte sie trotzdem daraus ein.

»Du könntest doch bei der Pork Pie Purveyors Ltd. arbeiten«, sagte Christie, »jetzt, wo die Firma nun schon einmal erfunden wurde. Das wäre so die Art logischer Weiterentwicklung, die der überwältigenden Mehrheit der Leser ungemein zusagt.«

»Nicht mit mir«, sagte die Neuntöterin emphatisch, »irgendwer ist sauer auf den Laden. Hast du denn nicht gehört, dass die neulich eine Bombendrohung bekommen haben?«

KAPITEL XVIII

Christies bislang größter Coup

Christie in einem gepflegten Pub.

Ich habe gegen ein Prinzip verstoßen, dachte Christie, gegen Nummer elf, wenn ich mich recht entsinne. Das wird mir erst jetzt klar. Ich habe den Exodus der PPP-Belegschaft nicht bloß beobachtet, sondern auch genossen. Wenn ich nicht aufpasse, werde ich geschnappt.

Christie trank gerne einen. Er schob es auf sein gemischtes Blut. Alle Rassen tranken gerne einen, vorzugsweise Mischgetränke. Wenn man gemischtes Blut hatte, gab es für alles eine Erklärung, und wessen Blut war schon nicht gemischt?

Christie trank wieder Guinness und stellte sich an die Bar, wo er einem grünen Mann zuhören konnte, der so aussah, als könnte er ihm durchaus den Schlüssel für sein bisher größtes Kredit liefern.

»Ich hab den Bogen raus«, sagte der Grüne demotisch zu seinem großen Begleiter, »ich schrubbe den Fußboden für sie, kaufe ihr Erdbeeren und dergleichen, um sie zu beschwichtigen, und wenn sie dann immer noch keine Ruhe gibt, sage ich ihr, dass sie es nie im Leben schaffen wird, dass ich das Angeln aufgebe. Ich bin nicht hinter anderen Frauen her und gehe nur einmal in der Woche einen heben, aber Fischen werde ich so lange, bis ich ins Gras beiße.«

»Wo gehen Sie denn meistens angeln«, fragte der Große höflich.

»Meistens drüben in den Reservoirs bei Barn Elms«, sagte der Grüne, »genau auf der anderen Seite der Brücke da. Es ist nicht übel, aber natürlich kein Vergleich dazu, wie's im Krieg und kurz danach war. Ich bin 1943 mit einer Bombenneurose aus Nordafrika zurückgekommen, und zwecks meiner besseren Genesung haben mein Arzt und ich das Londoner Wasserwirtschaftsamt überredet, mir das Angeln bei Barn Elms zu erlauben. Während des Kriegs waren aus nahe liegenden Gründen nämlich alle Reservoirs verbotenes Gebiet, gesperrt, militärisches Sperrgebiet. Und weil da keiner geangelt hatte, wimmelte das Wasser natürlich nur so von Fischen. Ich habe mich prächtig amüsiert! Eines Abends habe ich einen Hecht rausgeholt, der wog siebzehndreiviertel Pfund, siebzehndreiviertel Pfund! Das war genau die richtige Medizin! Es hat anderthalb Stunden gedauert, bis ich ihn an Land gezogen hatte. Am nächsten Morgen habe ich ihn dann auf dem Hammersmith Market für dreißig Schilling verkauft, und als der Fischhändler ihn aufschnitt, was glauben Sie, war in dem Fisch drin?«

»Eine ausgewachsene Ente«, sagte der Große.

»Genau – eine ausgewachsene Ente«, sagte der Grüne. »Sie kennen die Geschichte ja schon, Sie Blödmann.«

Christie kannte sie auch schon, wie so viele andere Geschichten; aber bislang war er nicht in der Lage gewesen, diese hier mit Doppelter Buchführung in Zusammenhang zu bringen. Nun konnte er es!

Es ist allgemein bekannt, dass die Leute bei der Beseitigung ihrer Zyanidabfälle fahrlässig sind; da sind besonders die Leute in den Plattierungs- und Metallveredelungsbetrieben gemeint. Sie brauchen also nicht meine Erklärung, wie sich Christie für seine Buchführungszwecke genug davon beschaffte. Doch weil Sie bestimmt wissen werden (oder es leicht nachprüfen können), dass die fraglichen Reservoirs mehrere Quadrathektometer umfassen und je nach Jahreszeit eine Wassertiefe zwischen 4,50 m und 6,00 m aufweisen, werden Sie wissen wollen, wie Christie den Transport und Transfer der großen Menge bewerkstelligte, auf die das erzielte Resultat hindeutet. Aber wissen Sie denn auch, in welchen Verdünnungsmengen Zyanid jeweils garantiert schädigend und tödlich ist?

Christie fand eine Plattierungsfabrik schlicht und einfach, indem er sein Telefonbuch konsultierte, und mit Hilfe seiner Bibliothek vergewisserte er sich, wie Zyanid aussah, worin es aufbewahrt und wie es gehandhabt wurde, und dann ging er eines Abends gegen acht Uhr hin und verschaffte sich durch die kleine Tür im Tor Zugang zum Hof, indem er seine Plastikscheckkarte zwischen Schnappriegel und Schließblech des Steckschlosses vom Typ Yale durchfummelte. Die unter Kriminellen gebräuchlichste Methode; ich schäme mich fast, sie zu wiederholen.

Der Lastwagen hatte bereits Tonnen mit der Chemikalie geladen, so, wie es Christie in der Mittagspause schon ausgekundschaftet hatte. Er lockerte die Schraubverschlüsse mit einer Kettenzange und entfernte sie dann mit den Händen, die durch strapazierfähige Gummihandschuhe geschützt waren. Das Starten des Lastwagens per Zündüberbrückung dauerte zwar etwas länger als das Öffnen der Tür, war aber ebenso einfach und bedarf hier keiner weiteren Erklärung mehr. Dann öffnete er die Tore, fuhr hinaus, fuhr weiter über die Hammersmith Bridge und bog bei der vierten Abzweigung links ab in die Merthyr Terrace, kein Märtyrer. Zu dieser Nachtzeit tat natürlich niemand Dienst, der ihn hätte sehen können, wie er den U-Bolzen des Vorhängeschlosses mit einem krabbenknappen Bolzenschneiderbiss durchschnitt, die Tore öffnete und hineinfuhr.

Christie schaute sich gar nicht erst lange um. Ein kurzer Weg führte zum Damm des Reservoirs, er stieß mit dem Lastwagen bis zum Rand zurück und betätigte den Kippmechanismus, über den der Laster (natürlich) verfügte. Als die Fässer durch die offene Ladeklappe rumpelten, sprang Christie heraus und sah zu. In dem dürftigen Licht beobachtete er, wie das kristalline, weiße Pulver herausströmte, sich aufzulösen begann und ins Wasser des Planeten mischte.

»Ich habe nicht wieder gegen Prinzip Nummer elf verstoßen«, erzählte mir Christie später, »denn hier handelte es sich um eine Ursache und nicht um eine Wirkung.«

Wie hätte ich ihm widersprechen können?

Also holte er den Wagenkasten wieder herunter und fuhr los. Er wusste, dass er keine Zeit sparen konnte, wenn er schon losfuhr, solange der Wagenkasten noch herunterkam, denn so funktionieren Kipplaster nun einmal nicht: Während der Motor den Kippmechanismus über das Getriebe antreibt, kann er die Antriebsräder nicht auch noch antreiben. Er könnte schon, technisch möglich wäre es; aber so werden Getriebe in der Regel nicht konstruiert.

Und Christie brachte den Lastwagen dorthin zurück, wo er ihn herhatte, und war's mit seiner Feierabendarbeit zufrieden. Er kehrt anscheinend stets an den Busen der Neuntöterin zurück: aber das würden Sie doch auch, oder?

ICI stellt in diesem Land alles Zyanid her; aber das ist bereits die zweite Erwähnung, die die Firma in diesem Roman erfahren hat.

Kurz nach zehn Uhr am nächsten Morgen sendeten Radio und Fernsehen Warnmeldungen. Viele Leute hörten sie. Die meisten Toten gab es im Westen Londons. Sie hatten es mit dem Frühstück zu sich genommen, im Tee, Kaffee oder verdünnten Fruchtsaft. Einige hatten es direkt aus der Leitung getrunken. In alten Häusern ließen einige (es hat ihnen nichts genutzt) den Hahn zwei Minuten aufgedreht, damit das Wasser, das über Nacht in den Rohren gestanden hatte und deshalb einen hohen Bleigehalt aufwies, ablaufen konnte.

Kein schöner Anblick, was? Überlegen Sie mal, wie es gewesen wäre, wenn es sich um Kadmium gehandelt hätte (fünfundzwanzig Mal so giftig wie Zyanid) oder um

Chromate (fünfzig Mal so giftig) oder um Beryllium (zweitausendfünfhundert Mal!). Sie können es als Glück ansehen, dass Christie zu dieser Zeit Beryllium noch nicht kannte.

Die Neuntöterin trank morgens nur Milch, wegen ihres Teints. Desgleichen Headlam und Lucy, die in diesem Roman bisher vielleicht einzigen anderen sympathischen Personen; abgesehen von Christies Mutter, der Zyanid physisch nichts anhaben konnte.

Insgesamt starben an diesem Morgen knapp über zwanzigtausend Menschen an einer Zyanidvergiftung. Das war die erste Zahl, die sich anbot, weil sie annähernd der Zahl von Wörtern entspricht, aus denen der Roman bis jetzt besteht.

Sie können sich darauf verlassen, dass es nicht viel mehr geben wird, weder Tote noch Wörter.

Ihr Tod war weder qualvoll noch langwierig. Praktisch waren sie alle (ich habe es bereits erklärt: doch es ist wichtig) leicht ersetzbar, nach Maßgabe der Gesellschaft. Was kann falsch daran sein? Kann man Christie verurteilen?

Christie fragte sich selbst: Ist mein Konto nicht überzogen? Welches Unrecht hat mir die Gesellschaft denn zugefügt, dass ich über zwanzigtausend Tote dagegen aufrechnen kann? Alles, entschied er nach einer Pause, alles.

Das Unrecht, das sie über fünfzig Millionen anderen zugefügt hat, so geht's doch schon mal los.

Aber was ist mit den Angehörigen, fragen Sie sich bestimmt? Was ist mit den Angehörigen? Sie werden der Regierung die Schuld geben, argumentierte Christie, und nicht mir. Und das ist auch absolut korrekt: Die Regierung ist in jeder Hinsicht dafür verantwortlich, dass solche Dinge möglich sind, werden und bleiben. Schuldgefühle angesichts eines überzogenen Betrages in der Doppelten Buchführung oder persönlicher Verantwortlichkeit kämen einem liberalen Wischiwaschi gleich. Man muss sich der Regierung subtil mit ihren eigenen Waffen widersetzen, mit Gleichgültigkeit, Indifferenz, Fahrlässigkeit gegenüber den Massen.

Nachdem er drei Tage später in den Abendzeitungen die von der Regierung behauptete Gesamtzahl der Toten gelesen hatte und der Neuntöterin beigesprungen war, verließ Christie sie in einem tiefen postkoitalen Schlaf und kehrte nach Hause zurück, um seine Kontoführung auf den neuesten Stand zu bringen.

DIE VIERTE ABRECHNUNG

… andernfalls, so er kein guter Rechner ist, wird er in seinen Geschäften wie ein Blinder vorantappen, und es kann ihm viel Schaden folgen. Strebe also mit großem Eifer und aller Mühe danach, vor allem ein guter Rechner zu sein, in der Weise, die ich dir zu deiner Bequemlichkeit in diesem erhabenen Werke vollständig und ausreichend gegeben habe, mit sämtlichen Regeln an den betreffenden Stellen, so dass du ganz mühelos alles finden kannst, was dir ohne Zweifel von großem Nutzen sein wird. Und vergiss auch nicht, für mich zum Allerhöchsten zu beten, auf dass ich Ihm zum Lob und Ruhm in meinem Werke stets vom Guten zum Besseren voranschreiten möge.

Pacioli

CHRISTIE MALRY in Rechnung mit IHNEN | VIERTE

DR	BELÄSTIGUNG			KR	ENTSCHÄDIGUNG		
1. Juli	Übertrag	257	91	5. Juli	Pork Pie Purveyors Ltd. Bombenscherz	2	40
7. Juli	Sozialismus bekommt keine Chance	311398	00	10. Juli	Leichte Verfügbarkeit von Einwegflaschen	0	07
9. Juli	Die Neuntöterin bekommt keine ihren Fähigkeiten angemessene Chance	40734	62	27. Juli	Tod von 20479 unschuldigen West-Londonern ./.	26622	70
				31. Juli	Christie geschuldeter Saldoübertrag auf neue Rechnung	325765	36
		352390	53			352390	53

./. Berechnet nach demselben Kurs (1.30 pro Kopf) wie in der Dritten Abrechnung; geringfügige Sachbeschädigung, worüber Sie sicher erleichtert sein werden.

KAPITEL XIX

Das alte Muttchen der Neuntöterin;
eine von den Herstellern schwerlich
ins Auge gefasste Verwendung
von Rasierschaum;
und die letzte Regel der Neuntöterin

Das alte Muttchen der Neuntöterin wohnte, wie Sie ja bereits wissen, oben in Islington. Islington liegt garantiert oberhalb von Hammersmith, das ja nur läppische 5 Meter über dem Meeresspiegel liegt, wohingegen das alte Islington zum Großteil auf einem Grat liegt, dessen südlichsten Punkt Claremont Square in Finsbury bildet. Die genaue Höhe von Claremont Square ist mir momentan entfallen, obwohl ich sie natürlich nachschlagen könnte. Ja, das werde ich tun.   Er liegt knapp über der 30-m-Höhenlinie, sagen wir mal um 4,50 m, das ergibt eine Gesamthöhe von 34,50 m. Claremont Square muss einmal eine tolle Aussicht auf die Stadt und den Fluss geboten haben, bevor hier gebaut wurde. Aber das spielt natürlich für unsere Zwecke eigentlich keine Rolle, denn das alte Muttchen der Neuntöterin wohnte genau am Ostrand des Grats, in einer Nebenstraße der Essex Road in den Wohnblocks der Britannia Row. Und ich werde garantiert nicht mit Theodolit und Gehilfen rausmarschieren, um zu entscheiden, wo genau in Relation zur 30-m-Höhenlinie sie wohnte, oder um zu berechnen, wie hoch ihre Wohnung sie über das Bodenniveau erhob; nein, weder für Sie noch für sonst wen.

»Komm doch mal mein altes Muttchen besuchen«, hatte die Neuntöterin gesagt, und Christie hatte sich gefreut.

»Wie geht's, wie steht's, altes Muttchen?«, sagte er herzlich und höflich, als sie Zutritt in ihre Wohnung gefunden hatten.

»Ich bin im Krieg ausgebombt worden«, sagte das alte Muttchen der Neuntöterin, »das zeichnet einen, so eine Erfahrung, verstehen Sie.«

Christie verstand.

»Mein Alter ist auch verschütt gegangen«, fuhr sie fort, »zumindest hat man ihn nie gefunden. Er saß direkt vor dem Kamin, damals. Nichts übrig geblieben. Keine Spur. Könnte es sein, dass ich eingeschlafen bin und er mit dem Hund Gassi gegangen ist? Natürlich nicht. Das hat nur diese dumme Kuh Stegginson rumgetratscht ...«

Christie stutzte ob der Übereinstimmung.

»... aber das wird die alte Kuh noch bereuen! Ich habe sie ganz allein großgezogen, meine Tochter, jawohl, ist doch ein Prachtmädel, nicht wahr? Ich wette, Sie kommen garantiert voll und ganz auf Ihre Kosten, junger Mann, stimmt's oder hab ich Recht?«

Christie nickte unbefangen, angetan von dieser Harmonie mit dem alten Muttchen.

»Jaaaa, sie hat sich gelohnt, diese jahrelange Aufopferung, bloß um meine Tochter in einem so seriösen Roman wie diesem unterzubringen. Das ist für mich die Krönung! Und das alles mit nur einem Bein!«

Das alte Muttchen der Neuntöterin nahm plötzlich ein Kunstglied ab, das Christie bisher entgangen war, und schwenkte es triumphierend.

»Eine Bombenreihe war's«, fuhr das alte Muttchen der

Neuntöterin fort, »die erste hat St. Mary's Church in der Upper Street erwischt, die zweite den Puff an der Ecke von Dagmar Terrace, und die dritte mich und meinen Alten.«

»Die Kirche, Sex und Ehe«, bemerkte Christie lachend, »absolut treffend.«

»So ist es passiert«, sagte das alte Muttchen der Neuntöterin, »und wenn es so passiert ist, kann man da auch nichts mehr dran ändern, nich?«

»Zu deiner Obsession, die Religion schlecht zu machen, habe ich dir später noch ein Wörtchen zu sagen«, meinte die Neuntöterin zu Christie, ruhig und gar nicht gehässig. »Und jetzt müssen wir aber los, altes Muttchen, Sonntag ist nämlich der einzige Tag, an dem wir mal wirklich lange ficken können. Adieu. Ruf an, wenn du uns irgendwie brauchst. Bis Dienstagabend dann, wie üblich.«

»Und wer sagt denn, dass wir überhaupt verheiratet waren?«, rief ihnen das alte Muttchen der Neuntöterin hinterher und hob langsam das Bein, um ihnen zum Abschied zu winken.

Später an diesem Sonntag konzentrierten sich Christie und die Neuntöterin voll und ganz darauf. Die höchste Wonne für die Neuntöterin bedeutete es derzeit, sich mit Rasierschaum (den Christie mit einer Sprühdose auftrug) vom Hals bis zu den Knöcheln bedecken zu lassen, natürlich unter besonderer Berücksichtigung der erogenen Zonen. Dann rasierte er mit einem Rasierapparat den Schaum weg, langsam, unter ganz besonderer Berücksichtigung der erogenen Zonen, und verschaffte der Neuntöterin damit eine kleine Reihe minderer Orgasmen, (es gefiel ihr so) bevor ihr Christie einen großen verschaffte durch strammen Einsatz seines spitzfindig so bespitznamten Hans Dampf.

Oh, und übrigens: Der Rasierapparat hatte keine Klinge.

Das ist natürlich eine kostspielige Art, Rasierschaum zu verwenden, aber es war ja Sonntag.

Dann badeten sie zusammen, und anschließend entfernte die Neuntöterin mit einem allseits bekannten Teppichreinigungsmittel die restlichen Spuren des Rasierschaums. Vom Teppich, versteht sich. Das war die letzte ihrer drei Regeln.

Christie bereitete gerade das Abendessen, als die Neuntöterin das vorhin angekündigte Wort zu Christies Verunglimpfung der Religion aussprach, nämlich:

»Warum?«

»Weil es sie gibt«, erklärte Christie seiner Geliebten geduldig, »solange es sie gibt und sie so mächtig ist, muss man sie offen angreifen. Ihre ganze Geschichte hindurch ist sie unablässig in Verruf gebracht worden, aber es gibt sie immer noch, und sie betreibt ihre Hochstapeleien weiterhin so, als sei eigentlich nichts geschehen. Sie ist korrupt, verlogen, untauglich, unnütz und habgierig. Und das ist noch lange nicht alles. Erwartest du etwa, dass ich das toll finde?«

»Aber was kannst du dagegen machen, Liebling?«, sagte die Neuntöterin.

»Ah«, sagte Christie und dachte bei sich: Was kann ich dagegen machen?

KAPITEL XX

Nicht das längste Kapitel in diesem Roman

Ein großer Laster rammte schnaubend seinen riesigen Rumpf in Tapper's Ladebucht.

»Hier unterschreiben«, sagte der Fahrer. »Ihre Auftragsnummer 325.765/36. Fünf Tonnen Kohlepapier.«

KAPITEL XXI

Worin Christie und ich dazu übergehen, alles auszudiskutieren; und das Sie vielleicht lieber übergehen möchten

… während seiner Metamorphose in Hinblick auf Inhalt und Form betrachtet sich der Roman selbst ironisch. Er negiert sich in parodistischer Form, um über sich selbst hinauswachsen zu können.

Széll Zsuzsa
Válságés regény (S. 101)
Akadémia (Ungarn) 1970
Übers. von Novák Gyorgy

»Christie«, warnte ich ihn, »es scheint mir unmöglich, diesen Roman noch viel länger fortzusetzen. Tut mir Leid.«

»Das muss Ihnen doch nicht Leid tun«, sagte Christie liebenswürdig, »das muss Ihnen doch nicht Leid tun. Wir setzen Länge doch nicht mit Bedeutung gleich, oder? Und überhaupt, wer will denn schon lange Romane? Warum soll man seine Freizeit einen ganzen Monat lang mit der Lektüre eines tausendseitigen Romans verbringen, wenn man im Theater oder Kino an einem einzigen Abend eine vergleichbare ästhetische Erfahrung machen kann? Das Verfassen eines langen Romans ist an sich ein anachronistischer Akt: Das war nur relevant für eine Gesellschaft und eine Reihe gesellschaftlicher Bedingungen, die nicht mehr existieren.«

»Ich bin froh, dass Sie das so bereitwillig einsehen«, sagte ich erleichtert.

»Der Roman sollte jetzt nur noch versuchen, komisch, brutal und kurz zu sein«, sagte Christie pointiert.

»Das hätte ich selber kaum besser formulieren können«, sagte ich erfreut, »ich habe alles aufgeschrieben, was ich zu sagen habe, beziehungsweise werde ich das nach den nächsten siebenundzwanzig Seiten getan haben, deshalb ...«

»Ich mache also noch ein bisschen weiter?«, unterbrach Christie.

»Ja, Christie, für Sie geht es weiter bis zum Schluss«, beruhigte ich ihn, und machte selber weiter: »Deshalb wird sicher kein Leser wollen, dass ich noch mehr erfinde, er oder sie können doch wohl bestimmt aus dem bisherigen Geschehen ganz leicht extrapolieren?«

»Wenn es einen Leser gibt«, sagte Christie. »Die meisten Leute werden es nicht lesen.«

»Politiker, Polizisten, einige Pädagogen und viele andere behandeln die ›meisten Leute‹ wie Idioten.«

»Also dürfen Schriftsteller das auch?«

»Im Gegenteil. Die ›meisten Leute‹ haben Recht, heutzutage keine Romane zu lesen.«

»Das haben Sie alles schon mal gesagt.«

»Und wahrscheinlich werde ich es auch noch einmal sagen, weil es stimmt.«

Pause. Dann sagte Christie plötzlich:

»Ihre Arbeit war ein ständiger Dialog mit der Form?«

»Wenn Sie so wollen«, erwiderte ich zaghaft.

»Aber das ist nur eine Facette davon«, sagte Christie großzügig. »Er ist schon sehr erstrebenswert, der Beruf des Kritikers! Doch es gibt in diesem Roman bereits zu viele Ausrufezeichen.«

Erneute Pause. Eines der Mädchen in dem als Bordell verschrieenen Haus gegenüber hängte ein Hemd heraus, das vielleicht ihrem Zuhälter gehörte. Christie lächelte gütig und wandte sich wieder mir zu.

»Aber für mich geht es noch eine Weile weiter?«

»Natürlich«, beruhigte ich ihn erneut.
»Bis ich alles habe?«
»Ja, Christie, bis Sie alles haben.«

KAPITEL XXII

Worin eine wichtige Frage beantwortet wird; und Christie denkt, dass er alles hat

Christie aß im Stromboli-Café am Broadway zu Mittag, allein, ohne Headlam oder sonst jemand, den er kannte. Das Lokal war nicht sehr anspruchsvoll, aber das Essen war schmackhaft und billig.

Heute jedoch war ein Käfer in Christies Portion Rindercurry mit Reis und Pommes frites. Es war ein schwarzer Käfer, doch ob es sich um eine Küchenschabe oder Kakerlake handelte (die genau genommen gar kein Käfer ist, nicht zu den Koleopteren, sondern zu den Orthopteren zählt), wollte Christie in diesem Moment gar nicht ergründen. Am Ekel würgend, wie es so schön heißt, versagte er sich den Rest des Curry, eine Nachspeise sowieso, zahlte und ging woanders einen Whisky trinken, den er auf einmal kippte, in der Hoffnung, er werde alle unerfreulichen Viren, Bakterien oder Bazillen umbringen, die er sich vielleicht gerade einverleibt hatte.

Sobald er wieder an seinem Schreibtisch in Tapper's Lohnabteilung saß, griff Christie zu den Telefonbüchern. Er fand die Nummer der örtlichen Regierungsstellen, rief dort an und verlangte das Gesundheitsamt. Als sich die Behörde meldete, riet er rasch zu einer Kontrolle der Küchenräume des Stromboli-Café, wo sie gewiss Beweise finden würden, die eine Strafverfolgung rechtfertigten. Dann legte er auf, ohne seine Identität preiszugeben.

Als Christie an diesem Abend müde nach Hause kam, fragte er sich, ob er für diese kleinen Kredits denn Zeit oder Energie hatte. Dann erinnerte er sich wieder an Prinzip Nummer sechs (stimmte die Nummer?) und fuhr zu einer öffentlichen Telefonzelle in Willesden, um die Polizei anzurufen und ihr mitzuteilen, dass im Stromboli-Café zur Hauptbetriebszeit, also jetzt, etliche Pfund Gelatinedynamit lägen, die in zwanzig Minuten hochgehen würden.

»Vielleicht auch schon in zehn, wenn ich was falsch gemacht habe«, fügte er lässig hinzu und ließ den Hörer aus seiner behandschuhten Hand fallen.

Aber Christie wusste zweifellos, dass er größere Aufgaben zu erledigen hatte. Das ist ja alles gut und schön, wenn man sich erklärt und die Sache durch den Tod von etwa zwanzigtausend Menschen ausgleicht, dachte er, aber jetzt erwartet man Größeres, ich erwarte es selber von mir. Es muss eine natürliche Weiterentwicklung geben. Diesmal wird es mir nicht auf die Quantität, sondern auf die Qualität ankommen, mal ganz salopp gesagt. Die größte Anzahl derer, die die meisten mich betreffenden Entscheidungen fällen, ist wahrscheinlich bei der Parlamentseröffnung versammelt. Die Vernichtung der Gebäude, die dabei eine Rolle spielen, würde uns auf einen Schlag die Monarchin sowie diverse andere Mitglieder der königlichen Hofhaltung, das Kabinett, die Oppositionsführer und alle übrigen Mitglieder des Unterhauses, die nicht krank waren, sich drückten oder Glück hatten, vom Halse schaffen.

Ja!

Christie dachte zuerst, dass eine taktische Nuklearwaffe von einem ähnlichen Typ, wie er auf Seite 137 erwähnt wurde, für diesen Zweck am geeignetsten sei: Er würde sich eine bei der entsprechenden militärischen Einrichtung besorgen, ein Leichtflugzeug mieten und sie auf dem Höhepunkt der Ereignisse abwerfen. Aber dann fiel ihm Prinzip Nummer fünf ein, und er merkte, dass diese Methode seine Möglichkeiten überstieg, ein hohes Risiko barg, gefasst zu werden, und überhaupt überflüssig war. Man musste nur an der Südwest- und der Südostecke der Fundamente von Big Ben konventionelle Sprengladungen anbringen, die groß genug waren, um das ganze Ding auf die Kammer des Unterhauses krachen zu lassen. Es wird uns in puncto Qualität vielleicht nicht ganz so viele vom Hals schaffen, aber das ließ sich nicht vermeiden; und die Überlebenden wären garantiert zutiefst entsetzt, dachte Christie. Und ich werde zum ersten Mal ein Produkt der modernen elektronischen Hexenküche verwenden: einen ferngesteuerten Zeitzünder, der auf eine Reichweite bis zu zwei Meilen funktioniert. Ich werde mir diesen Morgen freinehmen und in einem Pub in der Charing Cross Road ein Guinness trinken gehen. Gegen zehn nach elf, wenn Monarchin und Parlament Zeit gehabt haben, es sich gemütlich zu machen, werde ich ihnen meine kleine elektronische Botschaft übermitteln.

Guy Fawks und ich, dachte Christie, nur mit dem Unterschied, dass er geschnappt wurde.

Man sollte die Frage stellen: Was sah die Neuntöterin in Christie?

Und sie beantworten: alles.

»Ich weiß nicht, was deine Lebensaufgabe ist«, sagte die Neuntöterin, »aber ich weiß, dass ich alles tun werde, um dir zu helfen, sie zu erfüllen!«

»Liebling«, sagte Christie, »küss mich.«

Jetzt, dachte Christie, habe ich alles.

KAPITEL XXIII

Jetzt hat Christie wirklich alles

Binnen fünf Tagen hatte die Neuntöterin ihre Wohnung aufgegeben und war in Christies Haus gezogen. Es war so, als sei sie schon immer da gewesen: Jetzt kann ich im Leben wirklich etwas erreichen, dachte Christie.

Und in eben diesen fünf Tagen hatte er in der Bibliothek in einem Quartband nachgeschlagen, der die Originalzeichnungen von Barry mit den Konstruktionsdetails der Fundamente von Big Ben reproduzierte; eine Erkundung durchgeführt, die ihm gezeigt hatte, dass die Sicherheitsvorkehrungen (wie immer) nicht unüberwindlich waren, und außerdem, dass zwei an der Nordwest- und Nordostecke des Victoria Tower zusätzlich angebrachte, aber größere Sprengladungen den Turm auf das Oberhaus niederstürzen lassen würden, bloß für den Fall, dass sie gerade drin waren; die für den Zweck erforderliche Menge Gelatinedynamit genau ermittelt und besorgt; und äußerst preiswert das einfache elektronische Gerät erstanden, das ein Kurzwellensignal an seine Päckchen senden würde: ein Piepser für Big Ben, zwei für den Victoria Tower.

Am Dienstag jedoch, dem sechsten Tag, wurde Christie, der der Neuntöterin in Notwendigkeit und allgemeiner Liebe verbunden war, durch die Berührung ihrer

Hände geweckt, die ihn eher untersuchend als erotisch betasteten.

»Du hast da einen Knubbel«, sagte die Neuntöterin.

»Hast du etwa was anderes erwartet, wenn du so unwiderstehlich bist?«, sagte Christie.

»Nicht da, da«, sagte die Neuntöterin, und deutete auf eine Stelle direkt unter Christies Brustkorb rechts.

Christie tastete.

»Ja«, sagte er, »ich habe einen Knubbel.«

Er tastete seine ganze Bauchgegend ab. Machte eine Pause. Sagte dann:

»Ich habe anscheinend eine regelrechte Knubbel-Attacke!«

Die Neuntöterin begann zu wehklagen.

»Ich leide in letzter Zeit unter einer ungewohnten Mattigkeit. Nur mal ein Beispiel: Zur Vorbereitung einer bestimmten Sache, die ich normalerweise in drei Tagen erledigt hätte, habe ich fünf Tage gebraucht. Und jetzt bekomme ich auch noch diese Knubbel-Attacke«, erzählte Christie dem Arzt scherzhaft.

»Total durchsetzt davon.«

Der Chirurg sah keine Veranlassung, etwas anderes als ein Klischee zu verwenden, als er der Neuntöterin über die Probeoperation berichtete.

Die Neuntöterin weinte sich die Augen aus dem Kopf.

»Jetzt habe ich wirklich alles«, sagte Christie, als die Neuntöterin und ihr altes Muttchen ans Krankenhausbett kamen, »inklusive Krebs.«

»Ich werde nie mehr eine Sprühdose mit Rasierschaum ansehen können«, sagte die Neuntöterin und ließ sich nichts anmerken.

»Ich werde auch keine mehr brauchen«, sagte Christie, »diese Strahlentherapie zerstört die Wurzeln der Stoppeln und macht das Rasieren überflüssig.«

Das alte Muttchen der Neuntöterin zog ihren silberbeschlagenen Tränenkrug hervor.

»Aber es war doch toll, stimmt's«, fuhr Christie fort, »beim letzten Mal, jedes Mal?«

»Das war noch lange nicht alles«, hoffte die Neuntöterin gegen alle Hoffnung.

Der Chirurg hatte noch keinen Fall gesehen, wo es so weit gewuchert war, sich so rasch entwickelt hatte. Solche Leute lassen sich endlos überraschen.

Wehrlos unter der Kobaltkanone, arbeitete Christies Verstand über das Entsetzen hinaus weiter:
... die Mühe hätte ich mir wohl sparen können, so wie's aussieht, wenn alles doch so endet: und wenn nicht auf diese Weise, so endet es für andere trotzdem. *Ein Hohn auf die Hoffnung, auf den Gedanken an den nächsten Tag. Die Mühe hätte ich mir also sparen können: alles ist zwecklos, sinnlos, nutzlos*

alles, alles sinnlos

»Wenigstens hat Ihre Tolle Idee verhindert, dass Sie sich im Leben zu Tode gelangweilt haben«, sagte ich zu Christie, als ich ihm den Besuch abstattete, den er für meinen letzten gehalten haben muss.

»Das ist jetzt völlig egal«, erwiderte Christie schwach. »Aber nicht egal ist es mir, dass Sie nie erfahren werden, ob die Sprengladungen scharf gemacht oder sogar eingeschleust wurden oder ob sie zufällig hochgegangen sind oder was sonst.«

»So ist das Leben«, war die einzige Antwort, die mir darauf einfiel.

»Das Leben geht weiter«, konterte Christie und lächelte darüber, dass wir beide wieder in Klischees verfallen waren, so wie es in hochemotionalen Augenblicken normalerweise passiert. »Genau wie bei Shakespeare: Her mit Fortinbras und die Leichen weggekarrt.«

Er machte eine Pause. Ich schrieb es seiner Erschöpfung zu, aber er dachte intensiv über etwas nach.

»Shakespeare ist jetzt eingeholt worden«, sagte er schließlich, »von den Ereignissen. Das Leben könnte genauso gut nicht weitergehen, aus dem einen wie aus dem anderen Grund oder auch aus beiden.«

Ich musste ihm Recht geben. Nicht einmal den Trost gab es mehr. Christie wirkte schwächer, er schloss die

Augen und atmete mehr durch den Mund als durch die Nase. Dann kam er plötzlich wieder zu Kräften:

»Sie gehören zu denen, die übrig bleiben«, sagte er anklagend.

»Vorläufig«, sagte ich.

»Wird es für die Neuntöterin weitergehen«, fragte er.

»Ich weiß es nicht. Sie ist mir sehr ans Herz gewachsen. Vielleicht ein anderes Mal«, antwortete ich so ehrlich wie möglich.

»Hoffentlich geht es für sie weiter«, sagte Christie.

Pause.

»Und Sie sind mir inzwischen auch sehr ans Herz gewachsen, Christie«, sagte ich zu ihm. Doch es gab kein Anzeichen dafür, dass er es gehört hatte, er war in das nächste Stadium eingetreten.

Nach zehn Minuten war er plötzlich wieder klar:

»Bald«, sagte er und glänzte wenigstens im Reden wieder so wie früher, »werden sie ein Mittel gegen den Krebs finden. Und dann stehen Sie dumm da. Dann sind Sie der Arsch! Die Ursache wird dann vielleicht ganz offensichtlich sein. So wie bei den Chirurgen im neunzehnten Jahrhundert, die in Schürzen operiert haben, die mit dem Blut und Eiter früherer Operationen verkrustet waren. Je dicker die Kruste war, desto mehr galt der Chirurg. Damals wussten sie noch nichts von Bakterien und Fremdinfektion. Die kommen uns jetzt dumm vor, und sie werden dumm dastehen, wenn sie erst die Sache mit dem Krebs herausgefunden haben! Stellen Sie sich doch bloß mal vor, er könnte durch diese Ausschusspralinen verursacht worden sein, die ich auf Seite 82 gegessen habe!«

Christies Augen blieben offen, glänzend. Aber ich kann nicht behaupten, dass er blühend wirkte.

»Jedenfalls«, sagte er beinahe zu sich selbst, ohne mich anzuschauen, »sollten Sie verdammt noch mal keine Romane darüber schreiben, Sie sollten da draußen sein und verdammt noch mal etwas dagegen tun.«

Und dann empfahlen mir die Krankenschwestern zu gehen, nicht wissend, wer ich war, dass er ohne mich nicht sterben konnte.

KAPITEL XXIV

Das tatsächliche Ende, führend zur …

Nach Ihrem Ebenbild gestaltet ist er, Christie, vergessen Sie das nicht.

Seine Durchschnittsaugen wirkten eingesunken, gelbbraun umringt; seine Durchschnittswangen waren ebenfalls eingesunken. Christies allgemeiner Zustand ist jetzt der eines Einsinkens.

Nicht spurlos.

Das ganze Gesicht wirkte jetzt wie eine Karikatur seines früheren Aussehens, der Mund klaffte unnatürlich, die Haut wurde straffer und grauer, die Falten traten weißlicher hervor.

In immer kürzeren Abständen machte er ihnen klar, dass er die lindernden Drogen brauchte. Sie gaben sie ihm, Palliative, Morphiumderivate, dann das Heroin.

Als die Lungenentzündung begann, bemerkten es die anderen Patienten rasch und nannten es das Todesröcheln. Aus Rücksicht auf sie schob man Christie in ein Nebenzimmer. Sie behandelten die Lungenentzündung nicht: es hatte keinen Sinn, obwohl sie eigentlich dazu verpflichtet gewesen wären.

Christie ließen sie nicht mehr zu Bewusstsein kommen.

Xtie starb.

... SCHLUSSABRECHNUNG

CHRISTIE MALRY in Rechnung mit IHNEN

SCHLUSS

DR BELÄSTIGUNG				KR ENTSCHÄDIGUNG			
1.Aug	Übertrag	325765	36	3.Aug	Zuviel bestelltes Kohlepapier	00	31
7.Aug	Käfer in Curry	4	00				
				7.Aug	Anruf beim Gesundheitsamt	0	75
				7.Aug	Stromboli Bombenscherz	1	20
				13.Aug	Als Außenstände abgeschriebener Betrag	352392	
		352394	53			352394	53

KONTO GELÖSCHT